PRESENÇA DE ANTÍGONA

Helen Morales

PRESENÇA DE ANTÍGONA

O poder subversivo dos mitos antigos

Tradução de
Angela Lobo de Andrade

ROCCO

Título Original
ANTIGONE RISING
The Subversive Power of the Ancient Myths

Copyright do texto © 2020 *by* Helen Morales

Design capa *by* Pete Garceau
Fotos capa: escultura © Shutterstock; óculos escuros © iStock/Getty Images
Copyright capa © 2020 Hachette Book Group, Inc.

Edição brasileira publicada mediante acordo com PublicAffairs, um selo da Persus Books, LLC, subsidiária da Hachette Book Group, Inc., New York, New York, USA.
Todos os direitos reservados.

Direitos para a língua portuguesa reservados
com exclusividade para o Brasil à
EDITORA ROCCO LTDA.
Rua Evaristo da Veiga, 65 – 11º andar
Passeio Corporate – Torre 1
20031-040 – Rio de Janeiro, RJ
Tel.: (21) 3525-2000 – Fax: (21) 3525-2001
rocco@rocco.com.br
www.rocco.com.br
Printed in Brazil/Impresso no Brasil

A editora não é responsável por websites
(ou seus conteúdos) que não são de sua propriedade.

CIP-Brasil. Catalogação na publicação.
Sindicato Nacional dos Editores de Livros, RJ.

M827p

Morales, Helen
Presença de Antígona: o poder subversivo dos mitos antigos / Helen Morales; tradução Angela Lobo de Andrade. – 1. ed. – Rio de Janeiro: Rocco, 2021.

Tradução de: Antigone rising: the subversive power of the ancient myths
ISBN 978-65-5532-097-8
ISBN 978-65-5595-063-2 (e-book)

1. Antígona (Mitologia grega). 2. Parentesco (Filosofia). 3. Teoria feminista. I. Andrade, Angela Lobo de. II. Título.

21-69885

CDD: 292.13
CDU: 2-264

Meri Gleice Rodrigues de Souza – Bibliotecária – CRB-7/6439

O texto deste livro obedece às normas do
Acordo Ortográfico da Língua Portuguesa.

Para Jennie Ransom
e
para minha filha Athena Boyle

SUMÁRIO

	PREFÁCIO	9
UM	MATANDO AMAZONAS	19
DOIS	OU PAZ, OU NADA!	32
TRÊS	DIETA COM HIPÓCRATES	45
QUATRO	OS CONTROLADORES DE MULHERES	62
CINCO	#METOO / #EUTAMBÉM	80
SEIS	DIANA, A CAÇADORA DE MOTORISTAS DE ÔNIBUS	97
SETE	ΒΣΥΘΝCΣ, DEUSA	111
OITO	TRANSMITOLOGIA	131
	CODA: PRESENÇA DE ANTÍGONA	153
	NOTA DA AUTORA	159
	AGRADECIMENTOS	161
	NOTAS	163

PREFÁCIO

*Claramente, a menina tem um espírito feroz...
Ela ainda não sabe se submeter a circunstâncias más.*

– Os anciãos de Tebas, falando sobre Antígona,
na obra de Sófocles *Antígona*

Algumas pessoas deixam passar. Eu não consigo.

– Greta Thunberg[1]

Quando criança, tive a sorte de ler um livro chamado *Tales of Greek Heroes*. Fiquei encantada. Ninguém lida com poder, rebelião, amor e ódio como os deuses e os mortais da mitologia antiga. Gostei muito de saber que o pavão tem olhos na cauda porque era o pássaro predileto de Hera, a rainha dos deuses, e quando mataram um gigante muito amado por ela, os cem olhos dele foram destinados ao pavão. Ainda adoro ver como os mitos abrem novas maneiras de ver o mundo.

O que faz de um mito um mito, e não simplesmente uma história, é que foi contado e recontado ao longo dos séculos, tornando-se significativo para uma cultura ou uma comunidade.² Os mitos gregos e romanos se incorporaram e passaram a influenciar nossa cultura. Eles são as fundações e plataformas das crenças que dão forma a nossas políticas e a nossa vida. Podem limitar e destruir, mas também inspirar e libertar.

O mito de Antígona, contado pelo dramaturgo grego Sófocles, é um dos mais conhecidos e significativos para o feminismo e para as políticas revolucionárias.³ Antígona se tornou um ícone de resistência. Por contrapor à lei sua opinião. Por falar a verdade a quem detém o poder.

Antígona insiste em enterrar seu irmão Polinice, morto em combate contra a cidade dela, Tebas, apesar de Creonte, seu tio e governante da localidade, proibir expressamente o enterro e condená-la à morte por seu desafio. Antígona, uma menina de treze, ou catorze, ou quinze anos, enfrenta um adulto poderoso mesmo quando sua irmã não a acompanha e os cidadãos de Tebas têm medo de apoiá-la. Antígona desafia também a autoridade masculina diante da persistência de Creonte em afirmar que as mulheres são inferiores aos homens, e que os homens devem dominar as mulheres. Ela é vulnerável, intimidada, mas mesmo assim infringe a lei.

Antígona foi encenada pela primeira vez em Atenas, em (supõe-se) 442 a.C. Hoje é encenada no mundo inteiro. Desde 2016 tem sido apresentada, com outro enfoque, em Ferguson, no Missouri, e em Nova York. *Antigone in Ferguson* foi criada por Bryan Doerries depois do assassinato de Michael Brown Jr, rapaz de dezoito anos, por um policial, em 2014. É a leitura de uma adaptação da peça de Sófocles seguida por uma discussão com integrantes da comunidade, policiais e ativistas, sobre raça e justiça social.⁴

Prefácio

Por que não se limitar a escrever uma peça sobre a morte de Michael Brown? Por que recorrer a *Antígona* para refletir sobre essa tragédia? Parte da resposta deve ser que o mito nos permite investigar situações extremas sem cair na deselegância de dramatizar detalhes específicos da morte de um jovem. E por isso os gregos antigos tomavam a mitologia como material para as tragédias. Peças encenadas sobre eventos contemporâneos causavam muito sofrimento a quem assistia. Os mitos gregos abordam também temas difíceis, sobre abusos de poder e fraquezas humanas. A possibilidade de explorar questões como, por exemplo, o que torna boa uma liderança ou como resistir ao Estado fascista permite projetar diretamente esses temas em eventos particulares locais.

A esse respeito, eis o que o escritor Ralph Ellison chamou de ampliação: os mitos ampliam pessoas e personagens literários quando sobrepõem a eles atributos e realizações de figuras de histórias antigas.[5] Como o acadêmico Patrice Rankine explica, moldar seus personagens como figuras de mitos antigos habilitou Ellison a construir personagens "fora de um enquadramento contemporâneo, limitado". Isso lhes deu "possibilidades que transcendem as limitações que a sociedade colocou sobre eles".[6] Colocar um personagem ou uma pessoa numa espécie de visão dual, como a si mesmo e no papel de uma figura de mito, dá ao leitor um prisma ampliado através do qual pode entendê-los.

A iniciativa de um colega meu, Michael Morgan, dá uma boa representação disso. O Odyssey Project ensina a uma classe de jovens encarcerados e universitários o mito da viagem de retorno do herói grego Odisseu.[7] Pediu-se aos alunos que fizessem uma associação entre episódios do mito e suas

PRESENÇA DE ANTÍGONA

próprias experiências. Eles consideraram poderosa a ideia de que Odisseu cometeu erros terríveis com consequências desastrosas para a tripulação, mas continua sendo herói e consegue voltar para casa muitos anos depois. Talvez eles pudessem fazer algo similar caso pudessem se ver como uma espécie de Odisseu (ou Telêmaco, ou Circe – são muitas possibilidades). Usar o mito para amplificar as vidas dos alunos lhes dá uma noção diferente do que são e do que podem alcançar.

O mito de Antígona não termina bem para ninguém, mas deixemos esse problema para o fim deste livro. Por enquanto, quero me ater à coragem e persistência da personagem. Ela arrisca tudo por uma causa em que acredita e se recusa a ser intimidada, seja por políticos poderosos, seja pelo que os outros pensam. O espírito de Antígona vive em Iesha Evans, fotografada numa atitude firme, em seu leve vestidinho de verão, diante de uma fileira de policiais num tumulto durante o protesto do Black Lives Matter em Baton Rouge. Vive em Malala Yousafzai com sua campanha pelo direito das meninas à educação no Paquistão, apesar do risco de quebrar a lei do Talibã que depois tentou, sem sucesso, matá-la em 2012. E vive na resoluta oposição à mudança climática mostrada por Greta Thunberg, que, aos dezesseis anos, fez greve da escola para protestar na frente do parlamento sueco. Antes uma figura solitária com um cartaz de cartolina, é hoje uma inspiração para um movimento global.

O caso da "menina contra o mundo" tem um apelo glamoroso. Nós gostamos quando os mais fracos vencem. A *Antígona* de Sófocles costuma fazer parte do currículo escolar nos Estados Unidos, e sempre que falo sobre a peça nas escolas os alunos ficam claramente a favor de Antígona. Ela

Prefácio

é a heroína, dizem, e Creonte é um fascista completo, que merece tudo o que lhe acontece. É duvidoso que a plateia original tenha sido tão parcial ou solidária. É mais provável que os gregos criticassem Antígona, uma menina que falava e agia com impertinência, embora muitos reconhecessem os erros do rei Creonte.

Um texto médico da época, intitulado On the Diseases of Virgins [Sobre as doenças das virgens], nos conta que meninas na situação de Antígona, já com idade para se casar, mas que ainda não tinham marido, eram consideradas doentes.[8] Ficavam loucas e tinham visões da morte. Na peça, Antígona anseia pela morte, imagina obsessivamente sua própria morte e nos diz que a passagem lhe será bem-vinda. Muito se deduz também do fato de ela ser solteira apesar de ter idade suficiente para ser casada. Seu nome dá uma pista: pode significar contra (*anti*) procriação (*gonē*). O texto médico nos dá um novo ângulo da determinação de Antígona. Em lugar de vê-la como uma heroína determinada a fazer o que é certo, mesmo correndo o risco de ser condenada à morte, agora a vemos manifestando sintomas da "doença de mocinhas", uma ensandecida, disfuncional, louca.

Às vezes, a simples justaposição de antigo e moderno pode revelar perspectivas novas e inesperadas. O comportamento de Greta Thunberg também foi patologizado; ela foi criticada e menosprezada por ter síndrome de Asperger. Dizem os críticos que isso a torna mais aberta a ser explorada por outros. Mas a própria Thunberg disse que o fato de ter Asperger a ajudou no ativismo, pois é um dom que "a faz ver as coisas fora da caixa".[9] Ela não só não permitiu ser definida de forma negativa, mas apresentou a patologia como algo positivo. Talvez possamos usar essa abordagem com Antígona. Podemos entender que sua loucura e disfunção, como alguns antigos acreditavam, lhe conferiram uma vantagem política, algo que a capacitou a não temer a morte, algo que alimentou sua determinação. Nessa perspectiva, os mitos antigos não somente ampliam as histórias humanas, mas figuras e eventos atuais também nos convidam a ver os mitos antigos de novas maneiras.

Para os gregos e romanos da Antiguidade, os deuses eram mais que personagens fascinantes. A maioria os adorava e levava os rituais muito a sério.[10] Mas há uma diferença crucial entre a prática religiosa grega e romana e as principais religiões praticadas hoje. Diferentemente de nossas religiões monoteístas, do cristianismo, islamismo e judaísmo, a religião grega e romana era politeísta. Zeus, ou Júpiter (como era chamado pelos gregos e romanos, respectivamente), era o deus mais poderoso e seria mais prudente não ficar do lado errado de seu raio, mas todos os deuses exigiam adoração e não havia textos religiosos nem mandamentos a serem seguidos. (Quando Antígona apela para as leis eternas e não escritas, não fica muito claro o que ela quer dizer, e isso é parte do problema.)

Aqui há dois pontos-chave. O primeiro é que as narrativas mitológicas se tornaram um modo de pensar por meio de complicados dilemas morais, e isso também os faz úteis para nós. Estamos sempre voltando aos mitos gregos e romanos precisamente porque eles evitam as histórias simples do "bem contra o mal", de contos de fada a filmes da Disney, que são uma parte tão marcante da nossa cultura.

O segundo é que os mitos, principalmente os narrados em dramas e poemas épicos, eram amplamente conhecidos e confiáveis. Todos os gregos e romanos cultos, e muitos não

Prefácio

cultos, conheciam Homero. Não existe nada parecido. Em minha classe de setecentos alunos, o livro mais conhecido para a maioria deles não era a Bíblia nem o Alcorão, não era Shakespeare nem Walt Whitman – era algum livro infantil de Dr. Seuss.

A autoridade cultural do épico e da tragédia permaneceu mesmo após o advento do cristianismo como uma religião importante. Muitas vezes os textos cristãos reescreveram mitos gregos e romanos para lhes conferir uma mensagem diferente. A mitologia grega e romana, e mais amplamente a Antiguidade Clássica, tiveram uma enorme influência na cultura ocidental e até além dela.[11] Por Antiguidade Clássica quero designar o período em que as culturas grega e romana floresceram nas terras que hoje chamamos de Europa, Norte da África e Ásia Ocidental desde o século VIII a.C., quando foram cantados pela primeira vez os poemas épicos de Homero, até o século V d.C., quando começou o que hoje chamamos de Idade Média. (Estou perfeitamente ciente do rápido salto no tempo e espaço e quão imprecisa pode ser a expressão *grego e romano*.) A história intelectual, isto é, os grandes filósofos, escritores, teóricos, dramaturgos, políticos e outros pensadores da Antiguidade recorreram, e até os dias de hoje os nossos recorrem, aos mitos gregos e romanos. Isso significa que participar de uma discussão – filosófica, histórica, artística, política – geralmente envolve se engajar em ideias e argumentos da Grécia e Roma antigas.

O objetivo ideológico dessas discussões tem sido muito variado. A Antiguidade Clássica foi usada para justificar o fascismo, a escravidão, a supremacia branca e a misoginia. Teve um papel essencial também no idealismo político, inspirando diversas correntes, como os Pais Fundadores (e influenciando documentos fundamentais como a Declaração da Independência e a Constituição dos Estados Unidos), movimentos sindicais, o marxismo e o movimento pelos direitos dos homossexuais.[12] Como diz o historiador Neville Morley sobre a Antiguidade Clássica em seu livro *Classics: Why It Matters*: "Há sempre uma disputa por sua propriedade e de quem a reivindica e define."[13] Portanto, talvez tenhamos direito a um novo entendimento da maneira pela qual os mitos gregos e romanos, e seus personagens, podem ser reivindicados e definidos por todos nós que queremos resistir ao movimento atual rumo a um maior controle patriarcal, e que trabalhamos para trazer a esse mundo mais igualdade, empatia e esclarecimento.

Este livro reúne duas partes da minha vida: como profissional, e em meu papel de mãe. Durante vinte e cinco anos pesquisei e ensinei mitologia antiga em universidades na Inglaterra e nos Estados Unidos. Foi ensinando os mitos a meus alunos que vi o poder desses contos e como uma leitura crítica e criativa deles pode nos fortalecer. Certamente, contar novas histórias é essencial, mas ver o mundo pelo prisma dos velhos mitos é também significativo.

Sou mãe de uma adolescente, Athena. Ela e seus amigos conhecem os mitos e a cultura da Grécia Antiga, mas sem o menor entendimento de que aquilo que aprenderam tem tanta relevância para a vida deles hoje, além da vaga noção de uma democracia herdada. Este livro surgiu de minhas tentativas de explicar a Athena que as coisas que a preocupavam e a seus amigos – segurança das meninas, códigos de roupas de escola, dietas, e como lidar com uma mudança de clima político em que suas liberdades estavam sendo restringidas, e a proteção ambiental, revertida –, se apoiam em

Prefácio

narrativas culturais. Um dos esteios dessa montagem ideológica é a mitologia clássica. Parte do empoderamento para reagir envolve o entendimento dos mitos e, sabendo de seu impacto cultural, podemos aproveitá-los a nosso favor.

Em cada capítulo, a relação entre o antigo e o moderno tem uma abordagem diferente. Em alguns, o foco principal é em textos gregos e romanos específicos, ou seja, *Lisístrata* de Aristófanes, *Antígona* de Sófocles e *Metamorfoses* de Ovídio. Veremos como têm sido compreendidos, ou mal compreendidos, para servir (ou resistir) a agendas progressistas. O capítulo sobre dieta argumenta que o médico grego Hipócrates foi mal compreendido e deturpado pela medicina moderna e por obras populares sobre dietas. A relação entre o antigo e o moderno aqui é específica e clara, uma vez que o antigo é apropriado pelo moderno de um modo especialmente nocivo para as mulheres. Esse capítulo e o que trata do controle sobre as mulheres nos dão também uma percepção das atitudes dos antigos com relação às mulheres que vai além do que pode ser extraído dos mitos.

No primeiro capítulo, e no capítulo sobre código de roupas na escola e o policiamento de trajes femininos pelos "controladores de mulheres" na Grécia antiga, a relação entre antigo e moderno é mais frouxa. Aborda a congruência, e não a influência direta ou, melhor dizendo, é difícil mapear a influência direta através de grandes extensões de tempo. Às vezes é impossível rastrear as origens exatas de uma ideia ou comportamento até Grécia ou Roma antigas, e de um modo geral não sabemos se algo se originou lá ou se foi passado por outra cultura, ou ainda se tem várias origens diferentes.[14] Retraçar as genealogias históricas com precisão não é o objetivo deste livro. Reconhecer padrões culturais arraigados é.

PRESENÇA DE ANTÍGONA

Na segunda metade do livro, examino as maneiras muito diferentes e marcantes em que a superstar Beyoncé, o escritor Ali Smith e a vingadora mexicana Diana, a Caçadora de Motoristas de Ônibus, reimaginaram mitos antigos como atos de resistência a mitos misóginos batidos e nocivos, inclusive racistas e transfóbicos.

Essas recriações de mitos antigos não se cansam de perguntar: A quem pertence a Antiguidade Clássica? A quem pertence a cultura? A resposta é: A nós.

CAPÍTULO 1

MATANDO AMAZONAS

O LIVRO COMEÇA ONDE A MISOGINIA É CONSUMADA, COM HOmens matando mulheres. Logo passaremos à realidade de homens matando mulheres (e homens), mas quero começar com a fantasia. Quero começar com uma das fantasias mais primevas, jamais registradas, de matar mulheres: os mitos gregos sobre matar Amazonas.

As Amazonas eram guerreiras de terras distantes e figuravam dentre os mais temíveis adversários dos heróis dos mitos gregos.[1] Tinham fama de ser "equivalentes aos homens".[2] Segundo um conto mitológico, o herói Hércules foi enviado em missão para trazer a cinta de Hipólita, a rainha das Amazonas. (*Cinta* dá a impressão de ser uma versão mais antiga de modelador; cinturão é mais apropriado.) Ele a esfaqueia, ou espanca, até a morte e rouba o cinturão. Em algumas versões, Hércules mata várias Amazonas, que seriam Aela, Philipis, Prothoe, Eriboea, Celaeno, Eurybia, Phoebe, Deianeira, Asteria, Tecmessa, Alcipe e Melanipe.[3]

PRESENÇA DE ANTÍGONA

Nem precisa de outro herói. (Aquiles mata Penthesilea, ânfora do pintor Exekias, cerca de 530 a.C.)

O herói grego Aquiles matou Penthesilea quando as Amazonas se uniram aos troianos contra os gregos na Guerra de Troia. Numa versão da história, ela está a cavalo e ele a ataca com tamanha força que a lança trespassa seu corpo e o do cavalo. Outros dizem que ele se apaixonou por ela enquanto ela estava morrendo e que ele desejou e profanou seu corpo.[4]

O herói grego Belerofonte matou muitas Amazonas, jogando pedras sobre elas até matá-las, montado em seu cavalo alado.

O herói grego... bem, você entendeu. Matar Amazonas era parte do que fazia dos heróis gregos heróis. Como diz Mary Beard: "A mensagem básica era que Amazonas boas eram Amazonas mortas."[5] Essa mensagem se repetia na Grécia antiga. Imagens de Amazonas mortas ou agonizantes adornavam as casas das pessoas (nas pinturas dos vasos que restaram, as Amazonas são o segundo tema mais popular;

Hércules é o primeiro), e em monumentos públicos como o templo do Partenon, em Atenas.

Existe uma relação entre a fantasia antiga de matar mulheres e a realidade moderna. Na noite de sexta-feira, 23 de maio de 2014, eu estava em casa, corrigindo trabalhos. Eu era professora no Departamento de Clássicos na Universidade da Califórnia em Santa Barbara havia cinco anos e, embora gostasse do trabalho em geral, odiava dar notas. Para aliviar o tédio, fiquei peneirando artigos num jornal online. Estava procurando fofocas de celebridades, mas em vez disso achei uma notícia de última hora dizendo que houvera um massacre em Isla Vista, uma área vizinha ao campus onde moravam muitos estudantes. Telefonei para colegas e passei e-mails para os alunos de pós-graduação. Ficamos procurando informações: Todos estavam em segurança?

Aos poucos, fomos sabendo que seis estudantes – George Chen, Cheng Yuan "James" Hong, Weihan "David" Wang, Katherine Breann Cooper, Christopher Ross Michaels-Martinez e Veronika Elizabeth Weiss – foram assassinados no que veio a ser conhecido como a matança de Isla Vista. Catorze outros estudantes foram feridos antes do matador atirar em si mesmo. Katie Cooper e Christopher Michaels-Martinez tinham aulas em nosso departamento. Katie se interessava por história da arte e arqueologia, e Christopher, por literatura inglesa e pelos Clássicos. Um colega meu havia acabado de se encontrar com Christopher para conversar sobre os planos dele de passar um ano em Roma. Outro colega estava dando aula para uma classe de grego antigo que havia começado com sete alunos, inclusive Katie, e agora tinha seis. Em cada classe de grego antigo em que lecionamos desde então

PRESENÇA DE ANTÍGONA

vejo a ausência de Katie Cooper, garota dourada, congelada para sempre na idade de vinte e dois anos.

    Lembro-me dos dias e semanas seguintes como uma série de fotos confusas: a coragem de Richard Martinez, pai de Christopher, que incentivou as pessoas presentes ao velório a cantar "nem mais um"; um colega meu num memorial do departamento falando sobre o senso de humor e alegria de Katie, e de como ele teria orgulho se sua filha ficasse parecida com Katie quando crescesse; o reitor sugerindo que ensinássemos aos alunos a encontrar consolo na arte e na literatura, embora os amigos dos estudantes mortos mal conseguissem se manter alertas. Minha filha, Athena, tinha treze anos na época. Cinco anos antes, havíamos nos mudado para a Califórnia, vindo da Inglaterra, onde vandalismo, bebedeira em público e facadas eram problemas sérios, mas não violência com armas de fogo. Ela tinha muitas perguntas: Estava a salvo na escola? E eu? Poderia levar um tiro? Por que alguém faz isso?

    Eu soube que iria escrever este livro quando um jovem, cujo nome não merece o oxigênio da publicidade, matou nossos estudantes. A disponibilidade de armas e a saúde mental do perpetrador teriam contribuído para a matança? Sim e sim. Sem dúvida. Mas o que o levou ao ato de matar foi a visão que tinha das mulheres, alimentada por ressentimentos efervescentes postados em sites de *pick-up* artists, e detalhada num manifesto de 140 páginas que ele enviou por e-mail antes do massacre.

    Essa visão remonta à Antiguidade e algumas crenças sobre mulheres, herdadas da Grécia e de Roma antigas, dão a base imaginativa em que se apoiam nossas crenças atuais sobre mulheres. E ignoramos que a história nos cega para quão enraizadas de fato são algumas estruturas sociais violentas. O primeiro passo para entender, e portanto fazer alguma coisa para evitar a misoginia, é reconhecer como e onde está culturalmente encravada. As mortes em Isla Vista foram obra de um indivíduo "solitário, quieto, problemático".[6] Mas foram também obra de milhares de anos contando a mesma história sobre as relações entre homens e mulheres, desejo e controle.

Em seu livro *Down Girl*, a filósofa Kate Manne explica o que é e como funciona a misoginia.[7] É mais bem entendida, ela diz, "como primariamente uma propriedade de ambientes sociais em que mulheres são passíveis de encontrar hostilidade devido à imposição e ao policiamento de normas e expectativas patriarcais – frequentemente, embora não exclusivamente, na medida em que elas violam a lei e a ordem patriarcais. A misoginia, portanto, funciona para impor e policiar a subordinação das mulheres e para sustentar a dominação masculina, contra o pano de fundo de outros sistemas entrecruzados de opressão e vulnerabilidade, dominação e desvantagem".[8] Sua análise nos afasta do pensamento de que a misoginia é *uma atitude* diante das mulheres mantida por homens e mulheres individualmente, e nos leva a pensar a misoginia como *forças sociais* que policiam normas e expectativas de um mundo patriarcal. Misoginia é "o ramo de 'imposição da lei' de uma ordem patriarcal que tem a função global de *policiar e impor* sua ideologia governante".[9] Uma das principais maneiras pelas quais a misoginia faz isso é diferenciando as "boas mulheres" das que "não prestam" e por isso são punidas.

No mito grego, as Amazonas eram consideradas mulheres que não prestavam. Não prestavam porque rejeitavam o casamento. Esperava-se que todas as boas mulheres gregas se casassem. Boas mulheres se casavam, tinham filhos e cuidavam da casa, papéis que as mantinham subservientes aos homens. As Amazonas, em contraste, viviam como nômades, viajando de um lugar a outro. Lutavam em batalhas. Tinham relações sexuais com homens, quando e como queriam (uma história diz que Alexandre, o Grande, levou treze dias para satisfazer o desejo da Amazona Thalestris), mas não viviam com eles. Eram sem-homens, livres de homens, e eram punidas por isso.[10]

O matador de Isla Vista também puniu mulheres por não quererem ficar com ele. "Não sei por que vocês, garotas, não gostam de mim", ele choramingou em seu manifesto, "mas vou punir vocês todas por isso... Quem é o macho alfa agora, vagabundas?" E escreveu sobre a necessidade de controlar o comportamento sexual das mulheres: "As mulheres não deveriam poder escolher com quem ficar. Essa escolha devia ser feita por homens civilizados, homens de Inteligência."[11] O psicólogo clínico Jordan Peterson argumenta, com total franqueza, que a "solução racional" para evitar que homens como o matador de Isla Vista cometam atos violentos é "monogamia obrigatória".[12] Ele não vê que monogamia obrigatória é em si um ato violento.

Era por meio da punição de mulheres sexualmente renegadas que heróis gregos alcançavam o status de superstar. A missão de Hércules em busca do cinturão da Amazona Hipólita foi um de seus doze trabalhos, tarefas que lhe foram ordenadas como punição à violência doméstica, porque "num ataque de loucura" ele tinha matado sua mulher, Megara, e seus filhos.¹³ Após o cumprimento dos doze trabalhos, Hércules estaria purificado do crime (notem a lógica amarga: para expiar o assassinato da mulher, ele assassinou mais mulheres). Quando ele morreu, Zeus, seu pai, rei dos deuses, o elevou ao Monte Olimpo. Na morte, como em vida, Hércules foi um semideus.

Parte do delírio do matador de Isla Vista era que, punindo as mulheres a cujo amor ele achava ter direito, ele seria heroico, semidivino. A violência contra as mulheres é integrante do heroísmo, ou pelo menos de um tipo particular de macho-heroísmo. O matador de Isla Vista queria ser um Hércules "mais que humano... o que há mais perto de ser um deus vivo", um "macho alfa", como ele diz em seu manifesto online. Queria que as mulheres o adorassem, e queria ser superior aos outros homens. Seu método para alcançar isso pode ter sido excepcional, mas o desejo, em si, não é.¹⁴ Dizemos, é claro, que o matador tinha problemas mentais. É o que os historiadores antigos diziam a respeito de Hércules também, quando ele matou mulher e filhos. Talvez seja difícil saber a diferença entre delírio, transtorno mental e hiper-heroísmo.

Um aspecto essencial do mito das Amazonas é que as mulheres guerreiras eram estrangeiras, e não gregas. A fantasia não era somente de homens abusando de mulheres, mas de homens *gregos* abusando de mulheres *estrangeiras*. Matar Amazonas era uma demonstração de superioridade tanto étnica como sexual. Para o matador de Isla Vista, a destruição das mulheres era induzida por uma ideologia de supremacia branca. Resolveu matar o que desejava, "uma linda namorada loura". Ele mesmo era filho de uma chinesa malaia e de um inglês branco, e seu manifesto insultava negros e mestiços, que não mereciam, a seu ver, as atenções de mulheres brancas e louras. Essas guerras contra as mulheres, antigas e modernas, são movidas tanto por ódio racial como sexual. Nesse particular, estão longe de ser raras.[15]

Parte do que havia de instigante nas Amazonas era viverem com igualdade sexual. Diferentemente das mulheres de verdade, que viviam na Grécia antiga, as Amazonas gozavam da mesma liberdade dos homens. Desfrutavam das relações com os homens, mas não precisavam deles, sexual ou politicamente. "Quem poderia acreditar que um exército de mulheres, ou uma cidade, ou uma tribo, poderia ser organizada sem homens?", exclamou um escritor grego.[16]

Por isso é que no século XIX a primeira onda de feministas, como Elizabeth Cady Stanton, viram nas Amazonas um modelo de matriarcado, uma regência das mulheres.[17] Uma dessas feministas chamava-se Sadie Elizabeth Holloway. Educada no colégio feminino Mount Holyoke, Holloway tornou-se advogada e psicóloga. Junto com seu marido, William Moulton Marston, ela fez coisas extraordinárias, inclusive o desenvolvimento de uma versão prévia do polígrafo. Em 1941, inspirado por Holloway e Olive Byrne, a mulher com quem ambos tiveram caso amoroso, Marston criou uma Amazona super-herói, a Mulher Maravilha.

A Mulher Maravilha, também conhecida como Princesa Diana de Themyscira, filha de Hipólita, é uma Amazona que finalmente tem permissão para viver, apoiada em sua força extraordinária, "integridade e humanidade",[18] e por um laço de ouro que revela quando os homens estão mentindo. (O detector de mentiras de Holloway e Marston foi imortalizado como arma da super-herói.) Representada na tela pela ex-Miss América Lynda Carter, e pela ex-Miss Israel Gal Gadot, a Mulher Maravilha se tornou, por alguns meses em 2014, embaixadora honorária das Nações Unidas para o empoderamento de mulheres e meninas. Foi retirada do cargo após protestos de que a personagem de histórias em quadrinhos, branca, de corpo escultural e roupa de bandeira americana não era uma escolha apropriada para o papel.

Um dos objetivos da ONU era a igualdade de gênero para todas as mulheres e meninas até 2030, e para atingir essa igualdade, a educação é essencial. Mas ter educação pode ser um negócio perigoso para mulheres. O matador de Isla Vista acabou matando mulheres e homens, mas seu alvo principal era uma sororidade. Ele não queria só matar mulheres; queria matar estudantes mulheres. Nisso ele foi imitador de outro assassino que, em 1989, matou catorze mulheres no massacre da École Polytechnique de Montreal, uma faculdade de engenharia afiliada à Universidade de Montreal. O matador de Montreal entrou no prédio, separou homens e mulheres e atirou nas mulheres com um rifle semiautomático, anunciando que estava "lutando contra o feminismo". Como o de Isla Vista, ele também tinha abandonado os estudos e achava que mulheres não deveriam estudar engenharia. Tinha raiva das feministas, que a seu ver tiravam proveito das vantagens que os homens tinham (como educação), enquanto mantinham as delas (como licença maternidade, ele dizia). Portanto, ele explicou, "Decidi enviar as feministas, que sempre arruinaram minha vida, ao seu Criador... Decidi dar fim a essas viragos".[19] Uma escolha interessante de palavras, pois o significado original

27

de *virago* era "mulher guerreira", ou "Amazona", que com o correr do tempo passou a significar "mulher dominadora", ou "astuciosa", na linguística da misoginia.

Em outros lugares, meninas que tentam receber educação são alvo em massa. No Afeganistão e no Paquistão o Talibã proibiu a educação para meninas acima de oito anos, e essa educação consistia apenas em aprender o Alcorão. Atiraram na ativista Malala Yousafzai em retaliação pelo seu trabalho e de sua família promovendo a educação de meninas. O grupo terrorista operante na Nigéria, Boko Haram, impediu muitas meninas de concluir a educação. Em 2014, os membros desse grupo sequestraram 276 meninas de uma escola de ensino médio na cidade de Chibok. Em 2018, sequestraram 110 meninas do Government Girls Science and Technological College em Dapchi, no nordeste da Nigéria. Muitas delas foram casadas à força. Segundo a UNICEF, o Boko Haram destruiu mais de 1.400 escolas e matou 2.295 professores. O nome Boko Haram significa "educação é proibida".[20] Sem acesso à educação, sem poder estudar numa escola ou universidade, livres de assédio só por homens autorizados e livres de violência só por homens autorizados, a igualdade de gênero é impossível.

A matança de Isla Vista desencadeou uma campanha nas mídias sociais, a #YesAllWomen. O pensamento por trás da campanha era que, embora nem todos os homens sejam misóginos violentos como o matador de Isla Vista (o que alguns homens correram a dizer, como se fosse com eles), todas as mulheres são afetadas pela misoginia violenta, no trabalho, andando nas ruas, e em seus relacionamentos íntimos. No Twitter, mulheres falaram a verdade sobre seu medo diário da violência masculina.

Você está perdoada se pensar que, vivendo na era iluminada de #YesAllWomen (#SimTodasAsMulheres) e de #MeToo (#EuTambém), nesses tempos de análises brilhantes e incisivas de Rebecca Solnit e Chimamanda Ngozi Adichie e de Sara Ahmed e Kate Manne, teríamos uma conscientização maior de que a misoginia leva a matar mulheres. Você pensaria que estamos preparados para evitar o próximo massacre em escola. Você pensaria.

Essa é a história do #YesAllWomen de Athena.

Quando Athena estava no ensino fundamental, visitou a escola de ensino médio pública onde iria estudar, a dois quilômetros e meio de Isla Vista. Fez amizade com uma menina do primeiro ano, menina dinâmica e extrovertida, a quem chamaremos Laura. O dia começou tranquilo, Athena acompanhou uma aula sobre o filme *O Sol É Para Todos* e fez um teste de química. No recreio, porém, enquanto ela e Laura conversavam, um menino mais velho chegou perto de Laura, apertou a braguilha contra ela e fez um comentário grosseiro sobre o peito dela. Laura deu-lhe um chute na canela e mandou se foder. "Não se preocupe", ela disse a Athena, "acontece todo dia."

Athena não foi estudar lá. (Sei muito bem que é um privilégio poder escolher onde ela iria estudar.) Se tivesse ido para aquela escola, poderia estar envolvida num incidente em janeiro de 2018, quando seis garotos da escola fizeram um vídeo e postaram numa sala de bate-papo online. Era um vídeo de noventa segundos de zombaria em que um deles dizia "Vou mostrar como se mata uma *thot*". (Thot, pronunciado como *thought*, é um acrônimo de *"that ho over there"*, essa puta aí. É uma gíria vinda das comunidades afro-americanas, geralmente usada para insultar mulheres.[21])

O garoto aponta um rifle para a câmera, explicando como usar, e demonstra como infligir maior dano atacando com uma baioneta. O vídeo termina com ele dizendo "Espero que este vídeo tenha sido útil em sua guerra contra *thots*". Na sala de bate-papo privada em que o vídeo foi postado, outro dos seis garotos colocou uma lista de "*thots* que precisam ser eliminadas", junto com nomes de pelo menos dezesseis garotas das três escolas públicas de Santa Barbara e de uma garota de doze anos de uma escola local.

Detalhes do que aconteceu depois são vagos porque a privacidade de menores de idade é protegida mesmo quando a segurança de garotas menores de idade não é. O que pudemos apurar sobre os pais dos meninos foi que um pai viu o vídeo e os denunciou às autoridades na escola. O garoto que postou a lista de nomes foi preso por ameaça de terrorismo e sua acusação foi reduzida a contravenção. O garoto que demonstrou como estripar meninas com uma baioneta nunca foi acusado de crime, segundo vários pais.[22] Outro dos seis garotos cuja postagem supostamente continha bandeiras com suásticas e tanques nazistas nunca foi acusado, segundo os pais dele.[23] A mãe de uma garota da lista mudou-a para outra escola. O jornal local noticiou que essa mãe "disse que o incidente da sala de bate-papo traumatizou sua filha. Ela chegou da escola chorando. Seus cabelos começaram a cair. Perdia o sono. E em cada sala de aula ela planejava para onde poderia correr ou onde se esconder".[24]

Homens e meninos matando e fantasiando sobre matar mulheres e meninas como punição por não precisarem de homens, por não estarem sob o controle sexual de homens, por ousarem estudar, por viverem livres. Homens e meninos, em outros tempos e no ano passado, matando mulheres e meninas (e homens que se intrometem) em sua imaginação, em salas de bate-papo, e nas ruas. E ainda assim não reconhecemos que as fantasias são perigosas. A polícia investigou os seis meninos que chamaram as meninas de *thots* e fizeram uma lista das marcadas para morrer. Determinaram que os garotos não constituíam "ameaça imediata". Segundo os pais, antes do final daquela semana eles tinham voltado às aulas.

Ao tentar entender atos violentos como a matança de Isla Vista, não é preciso contemplar a Antiguidade para ver sua relação com o mito grego das Amazonas. Fiquei preocupada, pensando se não seria demais fazer essa relação, muito acadêmica, muito forçada. Decidi me arriscar a ser criticada porque recorrer ao material antigo nos ajuda, penso eu, a ver como ele é perdurável e, portanto, como é difícil erradicar certas narrativas culturais. Minha esperança é que, ao captar esse panorama geral, nos tornamos menos sujeitos a desdenhar a matança de mulheres como incidentes isolados e obra de uns poucos ensandecidos. Minha esperança é que, ao detectar padrões e conexões entre crenças e práticas antigas e modernas, será mais fácil entender como a misoginia opera e como a Antiguidade desempenha o papel (embora não seja o único ator e este não seja o único papel) de legitimar a misoginia que opera hoje. É uma esperança pequena. As Amazonas da Antiguidade podem ser ressuscitadas como Mulher Maravilha, mas estou bem ciente de que nada irá trazer de volta os seis estudantes mortos perto da universidade em 2014.

CAPÍTULO 2

OU PAZ, OU NADA!

Após anos de guerras internas na Grécia, diz a história, Lisístrata convence as mulheres das cidades-estado oponentes a se unirem para fazer greve de sexo. Até que os homens depusessem as armas, suas esposas lhes negariam sexo (inclusive na "posição leoa no ralador de queijo" – o que isso significa exatamente permanece um dos grandes mistérios da Antiguidade). Seguem-se cenas cômicas entrelaçadas com insinuações políticas. No final, os homens não aguentam mais e concordam em parar de lutar. As mulheres da Grécia e sua greve de sexo venceram. A estratégia de "ou paz, ou nada" funcionou.

 O dramaturgo Aristófanes foi quem primeiro contou o caso, em sua comédia *Lisístrata*, escrita quando o conflito chamado Guerra do Peloponeso, no século V a.C., já durava vinte anos.[1] Suas comédias, como todos os dramas atenienses, eram representadas para os homens de Atenas em grandes festivais cívicos, com muita fanfarra e rituais religiosos.

OU PAZ, OU NADA!

Eles se serviam de temas contemporâneos para achincalhar políticos, como faz o *Saturday Night Live*, porém mais agressivamente (Aristófanes diz ter sido multado por seus ataques a políticos), e com sexualidade mais explícita.[2]

Indo da fantasia exagerada aos esquemas políticos, a peça *Lisístrata* se tornou um mito icônico do protesto feminista. Está presente em filmes e artes, desde o filme sueco *The Girls* (1968), em que as mulheres de um grupo de teatro itinerante se inspiram na *Lisístrata* para fazer mudanças em sua vida,[3] até a peça de Tony Harrison, *A Common Chorus* (1992), direcionada a mulheres no campo de paz da base de mísseis nucleares de Greenham Common,[4] à peça *Lysistrata – The Sex Strike* (estreada em 1999), de Germaine Greer, em que ações das gregas antigas são usadas para criticar a falta de interseccionalidade no ativismo de mulheres hoje, bem como um esforço para a paz.[5] Em 2003, o Lysistrata Project, fundado por duas feministas pacifistas de Nova York, protestou contra a guerra do Iraque com mais de mil leituras de *Lisístrata* realizadas em todo o mundo em um único dia.[6]

A ideia de que uma greve de sexo é um meio eficaz de protesto – e não apenas um assunto a ser explorado pela arte – ganhou certa força. Em maio de 2019, a atriz e ativista Alyssa Milano conclamou as mulheres dos Estados Unidos a fazerem greve de sexo em protesto contra novas leis antiaborto aprovadas pela legislatura de seis estados – Georgia, Kentucky, Ohio, Mississippi, Iowa e Dakota do Norte – que proíbem o aborto após seis semanas de gravidez ou após ser detectada atividade cardíaca. Milano postou no Twitter:

Nossos direitos reprodutivos estão sendo apagados.
Até que as mulheres tenham controle legal sobre o
próprio corpo, não arriscaremos uma gravidez.
SIGAM-ME, não fazendo sexo até termos de volta a
autonomia corporal.
Estou convocando para uma #GreveDeSexo.

Para reforçar a proposta, Milano compartilhou no Twitter um artigo online da agência de notícias Quartz intitulado "History Shows That Sex Strikes Are a Surprisingly Effective Strategy for Political Change"[7] [A História Mostra que Greves de Sexo São uma Estratégia Surpreendentemente Eficaz para Mudanças Políticas]. O texto salientava diversas greves de sexo, inclusive uma na Libéria, na África, em 2003. Em seguida, Milano foi coautora de um artigo reiterando que "o protesto de Lisístrata é um método eficaz e poderoso que vem de longa data na luta por mudanças".[8] Além de artigos debatendo o valor de graves de sexo, o apelo de Milano não resultou em nada.

Poucos anos antes da postagem de Milano, o diretor de cinema Spike Lee incentivou estudantes a encenar uma grave de sexo para que os homens parassem de assediar e estuprar mulheres em campus de universidades nos Estados Unidos. Isso aconteceu em 2015, durante uma turnê publicitária de seu filme *Chi-Raq*, uma adaptação do mito de Lisístrata.[9] O filme, assim intitulado porque o número de mortos em Chicago rivalizava com os da guerra do Iraque, é uma versão musical extravagante e explosiva situada na zona sul de Chicago. Os versos na Grécia antiga podem ser muito semelhantes aos do rap, como demonstrou o exuberante coro grego solo de Samuel L. Jackson:

OU PAZ, OU NADA!

Em 411 a.C. – Jesus ainda não nasceu
'cês aí – Aristófanes escreveu
uma peça de gozação
do tempo e estilo de então
Aristóf'es fez uma droga de verso
Que até hoje se conhece
E a gente não esquece
Do nosso amor pelo universo
Mas olha aí – cuidado que vai ter DOR*

A dor é causada pela guerra de gangues entre espartanos, liderados pelo cantor de rap Demetrius Dupree, nascido Chi-Raq (Nick Cannon), e os troianos liderados pelo ciclope (Wesley Snipes). Uma menina, Patti, é morta nessa guerra. As cenas de luto têm um toque especialmente comovente, dado pela personagem de Jennifer Hudson, cujo irmão e mãe foram mortos a tiros, e que também é a mãe de Patti. A namorada de Chi-Raq, Lisístrata (Teyonnah Parris), é chamada por uma vizinha, Miss Helen (Angela Basset), para ver "greve de sexo" na internet. Ela encontra um filme sobre a greve de sexo na Libéria, em que se inspira para mobilizar as mulheres de Chicago a encenar sua própria greve de sexo no palco. Foi um sucesso, embora o roteiro tenha fortes discrepâncias do mito.

Mas o que é exatamente uma greve de sexo? (Casamento não é uma resposta satisfatória.) No mito grego, Lisístrata explica:

Se estivermos em casa maquiadas, passarmos diante do marido vestidas somente com roupas de baixo diáfanas, os pelos pubianos num triângulo perfeito, e o marido tiver uma ereção e desejar nos pegar, mas não chegarmos perto dele, ele vai votar pela paz, e rapidinho, podem acreditar![10]

PRESENÇA DE ANTÍGONA

Spike Lee manda as estudantes fazerem greve de sexo. (Falando sobre seu filme *Chi-Raq* em 2015.)

Isso é mais uma greve de clímax que de sexo, pois muitos componentes do sexo, como a provocação e a proximidade física estão lá, só falta a consumação propriamente dita. É menos uma retirada do sexo do que uma provocação prolongada. Não chamamos boates de strip-tease de boate de greve de sexo.

A greve de sexo na Libéria, que inspirou Alyssa Milano e a heroína de Spike Lee, foi um protesto muito diferente, nem um pouco caracterizado por mulheres desfilando provocativamente diante de homens. Uma das líderes foi Leymah Gbowee, que recebeu o Prêmio Nobel da Paz em 2011 por sua campanha pela paz. A mídia ocidental rotulou-a de "Lisístrata liberiana". Jornalistas que fizeram a cobertura de sua organização da greve a publicaram com os seguintes comentários: "Com a força de Lisístrata e as heroínas de Aristófanes

OU PAZ, OU NADA!

na Guerra do Peloponeso, elas recusaram sexo aos homens" (*Huffington Post*), e "segura de si e instintivamente política, Gbowee é uma Lisístrata da atualidade" (*Gossip Central*). Uma reportagem do jornal britânico *Daily Telegraph* foi além, sugerindo uma relação *causal* entre o ativismo da personagem de Lisístrata na Grécia antiga (e erraram, tomando a ficção por fato histórico) e o ativismo de Leymah Gbowee na Libéria: "Ela persuadiu muitas liberianas a recusarem sexo a seus parceiros guerreiros enquanto não negociassem a paz, uma campanha de sucesso estrondoso inspirada na *Lisístrata* de Aristófanes, que usou a mesma estratégia durante a Guerra do Peloponeso".[11]

Na verdade, a greve de sexo foi uma parte muito pequena do ativismo das mulheres na Libéria. Em suas memórias *Mighty Be Our Powers*, Leymah Gbowee dedica menos de uma página ao evento:

"Greve de Sexo" é manchete que vende; por isso, quando repórteres me entrevistam, tendem a perguntar primeiro sobre a greve de sexo. As mulheres da Libéria realmente levaram ao fim a hedionda guerra civil negando sexo? Bem, certamente deu aos homens um motivo novo para fazer pressão pela paz. Mas a verdade é que as maiores armas do movimento das liberianas foram a clareza moral, a persistência e a paciência. Nada aconteceu da noite para o dia. De fato, foram três anos de conscientização da comunidade, reuniões e demonstrações de não violência organizadas por "mulheres do povo", anos de encontros nas estradas, com camisetas brancas chamativas, exigindo a atenção de comitivas de autoridades e pessoal da mídia, que viam de passagem os cartazes e danças, ouviam as músicas e cantos. Depois lançamos a greve de sexo. Em 2002, liberianas cristãs e muçulmanas se uniram para recusar sexo aos maridos até cessar a violência e o conflito civil.[12]

A greve de sexo foi um elemento menor numa campanha de protesto maior, mais complexa e mais prolongada. Segundo o relato de Gbowee, um momento de virada na campanha foi em junho de 2003, depois que ela liderou uma delegação de mulheres a Accra, em Gana, onde as facções combatentes estavam em conversas de paz. As conversas se arrastaram por semanas, até que as mulheres formaram uma barricada humana do lado de fora da sala de reuniões e não deixaram os homens sair até firmarem a paz. Gbowee, acusada de obstrução da justiça e se arriscando a ser presa, ameaçou tirar a roupa e ficar nua ali mesmo. Na sociedade da África Ocidental, uma mulher tirar a roupa como gesto de protesto significa lançar uma maldição sobre os homens que a veem. "Para aquele grupo de homens, ver uma mulher nua era quase uma sentença de morte."[13] Sua intervenção funcionou. Os homens voltaram à sala de reuniões e negociaram o fim da guerra.[14] Referir-se a Leymah Gbowee como Lisístrata liberiana e reduzir a resistência das mulheres a uma greve de sexo são uma distorção crassa que obscurece o trabalho que de fato houve para assegurar a paz.

Greve de sexo é uma classificação muito falaciosa. É um termo que parece evidente, mas quando o examinamos bem, significa coisas diferentes em diferentes contextos. Assim como a greve de sexo na Libéria, as que ocorreram na Colômbia, em 2011, para forçar o governo a consertar uma estrada, e no Quênia, em 2009, para acabar com a luta

OU PAZ, OU NADA!

interna do governo, tiveram sucesso basicamente porque atraíram publicidade, pressionando pela *vergonha* os que estavam no poder a tomar uma atitude, e não que a falta de sexo levasse os homens a mudar seu comportamento por *frustração*. A ênfase na greve das colombianas não foi na abstinência do sexo por prazer, mas em sua recusa a engravidar até que pudessem chegar a um hospital em segurança para dar à luz. "Estamos sendo privadas dos direitos humanos mais básicos, e não podemos permitir que isso aconteça. Por que trazer crianças ao mundo se elas podem morrer por falta de cuidados médicos e se não podemos lhes oferecer o mínimo de direitos? Decidimos parar de fazer sexo e parar de ter filhos até que o Estado cumpra suas promessas."[15] Apesar disso, a mídia ocidental classificou essas mulheres de Lisístratas da atualidade.[16]

O termo *greve de sexo* quase sempre se aplica a mulheres. Não parece que os homens façam greve de sexo. Isso implica em que sexo é uma espécie de trabalho executado pelas mulheres para os homens, que as mulheres só fazem sexo para agradar aos homens e que uma mulher recusar sexo é semelhante a uma interrupção do trabalho, uma ação política como as greves trabalhistas. E também, como diz a classicista Donna Zuckerberg, "uma greve de sexo se apoia na premissa de que as mulheres não são totalmente atores políticos e ainda precisam exercer sua influência através da esfera doméstica".[17] Isso é uma visão muito antiquada das relações heterossexuais.

E ainda levanta uma questão óbvia. Se a tal greve de sexo é, pelo menos em parte, negar aos homens (nas palavras da *Lisístrata* de *Chi-Raq*) "direitos de acesso e entrada", não seria de se esperar que alguns homens fossem buscar sexo de outra maneira, procurando prostitutas, por exemplo, ou arranjando amantes masculinos, ou estuprando a mulher ou a namorada? (No mito grego, Lisístrata prepara as mulheres contando com a probabilidade de serem forçadas e aconselha que, se for esse o caso, elas devem se "submeter relutantemente, e não contra-atacar".)

Coloquei essa questão para Leymah Gbowee quando visitou a universidade em que trabalho, poucos dias antes do anúncio de que ela ganhara o Prêmio Nobel. Ela foi muito franca sobre a praticidade da greve de sexo. Disse que, quando a greve foi sugerida, por uma muçulmana, não foi levada a sério. "Achamos que ela estava louca. Ficamos pensando se ela era de fato muçulmana!" Mas ao fim de alguma discussão, viu-se que era uma maneira de levar os homens a participar do protesto. "A mensagem era que, enquanto a luta continuasse, ninguém era inocente; quem não fizesse nada para cessar também era culpado."[18] Funcionou melhor, diz Gbowee, em comunidades rurais onde as mulheres punham uma forte conotação religiosa em suas ações, mas em comunidades urbanas, uma vez começada a greve, as mulheres vinham às reuniões com o rosto machucado. Certamente haviam sido espancadas e provavelmente estupradas.

Esta é a realidade das greves de sexo. É um dos motivos pelos quais a iniciativa de Spike Lee, ao conclamar as estudantes à greve de sexo com o objetivo de evitar estupros nos campus das universidades, é tão irresponsável. O mito grego, tal como exposto em manchetes e comparações publicadas nos jornais, não ajuda em nada, pois impõe o modelo fantasioso de Aristófanes a episódios de ativismo político moderno. Forjados nesses termos, os protestos atuais dificil-

OU PAZ, OU NADA!

mente escapam a esse modelo, pois empregam a autoridade cultural com que investimos o mito clássico. Os clichês de artigos sensacionalistas na mídia refletem uma imagem distorcida que reduz as mulheres a corpos e as ações políticas complexas a mera agitação.

No final da entrevista, perguntei a Gbowee se já tinha lido *Lisístrata*. Ela disse que sim, mas só recentemente, quando ganhou um prêmio e uma amiga lhe deu o livro de presente. Perguntei o que ela pensava da peça e as comparações feitas pela imprensa. Ela nem respondeu, mas me deu um longo olhar de incontestável desprezo.

Então, como o mito de Lisístrata é útil para nós? Há interpretações políticas progressistas da peça de Aristófanes, mas o problema é que vêm junto com brincadeiras sobre ereção e ameaças dos homens, encenadas para rir, tanto como agredir, socar e atear fogo às mulheres. Esses desvios de valor, sentido, conteúdo e tom dificultam uma reação das pessoas a partir de uma perspectiva equilibrada. Se abordamos a peça por sua política, perdemos a piada; se apenas rimos das piadas sujas, perdemos a mensagem.

O final de *Lisístrata* nos dá o exemplo mais marcante desses fortes desvios. Nossa heroína passa por cima das negociações dos delegados das cidades em guerra e traz uma mulher nua chamada Reconciliação, que é ao mesmo tempo uma alegoria e uma dançarina erótica. (Na encenação ateniense, o papel provavelmente era dado a um dançarino caracterizado como mulher nua.) Lisístrata quer transmitir sabedoria a cada um dos delegados para que vejam a situação na perspectiva de outros. Mas é o corpo nu da Reconciliação que os convence, e não a retórica de Lisístrata. A atenção deles se prende à mulher nua, cujo corpo eles dividem entre si, como dividem o território grego, com um humor do tipo "Troco duas colinas pelo vale". Para os leitores e espectadores modernos, essa cena evoca a política atual da pós-verdade. Não importa o que é *dito*, o que conta é o apelo emocional visual. O final coloca valiosas questões sobre protesto e o que leva um protesto a ser bem-sucedido. Basta obter o efeito desejado por qualquer meio possível, ou é também importante vencer com *argumentos*?

O desfecho enfraquece a autoridade de Lisístrata, apesar de seu estratagema de trazer a Reconciliação, e muitas montagens e adaptações modernas cortam ou alteram as cenas finais. *Chi-Raq* faz uma mudança radical na história, finalizando não com uma dança sexy e a divisão do território pelos figurões corruptos, mas com a promessa de empregos e assistência médica para todos, anistia para a violência, e a verdade e a reconciliação para as vítimas. Chi-Raq toma conhecimento do legado de assassinatos de sua família e se entrega à polícia pelos homicídios que cometeu. A história e o tom se modificam na medida em que passamos da comédia *Lisístrata* para a tragédia de *Édipo Rei*, em que o rei se exila para redimir os crimes que cometeu, e assim salva a cidade.[19]

Mas é discutível que a cena final da peça seja a mais importante. No meio da trama, Lisístrata tem uma fala sobre como a política deve ser tratada. Lançando mão de uma metáfora doméstica, ela diz "Se vocês tivessem juízo tratariam todos os assuntos como tratamos a lã", e explica:

OU PAZ, OU NADA!

Em primeiro lugar, assim como lavamos o pelo cru, vocês deveriam lavar o estrume de carneiro do corpo da política numa banheira, depois esticá-lo numa esteira, bater os vilões com um pau e jogar fora os carrapichos, e esses que vão juntos para a esteira e se associam para obter cargos, vocês deveriam descartar e arrancar-lhes a cabeça. Depois cardem a lã no balaio da união e da concórdia, misturando todos, e os imigrantes, qualquer estrangeiro amigável, todos os devedores de impostos devem ser misturados junto... depois façam uma bola grande de lã e com ela teçam um manto quente para as pessoas usarem.[20]

É uma convocação em alto e bom som para uma política inclusiva, que reúne cidadãos, imigrantes, estrangeiros, inclusive os que estão em débito, e exclui políticos que agem em causa própria e outros vilões. No clima atual, parece um manifesto de uma política visionária.

Também visionário é o ativismo das mulheres mais velhas na peça. As velhas tomam a Acrópole, onde está guardada a fortuna de Atenas. Assumem o controle do tesouro, Lisístrata explica, "para mantermos o dinheiro em segurança e assim impedirmos que vocês façam guerra".[21] Até as ações das mais jovens têm uma dimensão econômica. Elas não só privam seus maridos de sexo como também se recusam a fazer o trabalho doméstico de graça, param de alimentar e cuidar dos filhos, e não cuidam mais da casa.

O ativismo econômico do exército de Lisístrata encontra seu equivalente moderno numa onda de greves das mulheres. Não greves de sexo (exceção feita às profissionais do sexo), mas greves em que as mulheres se recusaram ao trabalho, pago e não pago, no local de trabalho e no lar. Um

PRESENÇA DE ANTÍGONA

Dia Sem a Mulher [One Day Without a Woman] foi uma ação grevista no Dia Internacional da Mulher de 2017 nos Estados Unidos, em que as mulheres foram instadas a não trabalhar, não gastar dinheiro e usar roupas vermelhas em sinal de solidariedade. Fez interseção com ações similares em todo o mundo no mesmo dia. Somente poucos milhares participaram nos Estados Unidos, mas no ano seguinte meio milhão de mulheres aderiram à greve na Espanha. Uma greve similar de mulheres na Polônia em 2016 resultou no recuo do governo prestes a tomar medidas para a proibição do aborto. Como afirmam Cinzia Arruzza, Tithi Bhattacharya e Nancy Fraser em seu *Feminismo para os 99%: um manifesto*, "uma nova onda feminista está reinventando a greve... Rompendo o isolamento do trabalho doméstico e muros simbólicos, as greves têm demonstrado o enorme potencial político do poder das mulheres: *o poder daquelas cujo trabalho pago e não pago sustenta o mundo*".[22]

Uma greve trabalhista de mulheres tem menor probabilidade de suscitar hashtags e editoriais do que uma greve de sexo, mas é o melhor esquema de ação política oferecido pelo mito de Lisístrata.

CAPÍTULO 3

DIETA COM HIPÓCRATES

LIVROS E PLANOS DE DIETAS VÊM E VÃO. GORDURA ESTÁ NA MODA, carboidratos não. Bem-estar, sim, contar calorias, não. Jejum, sim, dieta keto, não. Só o que permanece em todos esses planos é a presença de Hipócrates, o velho grego pai da medicina, para promover dietas.

Dentre os livros que ficavam na minha estante, Hipócrates é citado em *The 17 Day Diet, The Adrenal Reset Diet, Strategically Cycle Carbs and Proteins to Lose Weight, Balance Hormones, Move from Stressed to Thriving, Flat Food, Flat Stomach: The Law of Subtraction, Fat Loss Factor* e *Eat Right 4 Your Type: The Individualized Diet Solution to Staying Healthy, Living Longer and Achieving Your Ideal Weight*. Hipócrates também é estrela no calendário online *Motivational Weight Loss Quotes*, do Vigilantes do Peso [Citações Motivacionais para Perda de Peso]. O calendário dos Vigilantes do Peso é típico do descuido com que Hipócrates é usado. A citação motivacional de 8 de maio é "Remédios extremos são muito apropriados para doenças extremas" (Hipócrates), um incentivo tão vago e alarmante quanto parece contradizer a citação de 9 de maio "Tudo em excesso é oposto à natureza" (Hipócrates). Mais comumente, Hipócrates é usado para ilustrar a simples ideia de que ser gordo é muito mau para a saúde. No livro *Practical Paediatric Nutrition*, por exemplo, dizem que a obesidade é "talvez a mais óbvia situação que proporciona risco à saúde e pode estar presente, e ser evitável, na infância. 'A morte súbita é mais comum naqueles naturalmente gordos do que nos magros' (Hipócrates)."[1] Esta é a frase mais citada de Hipócrates, e é usada para alarmar: se você for gordo, vai morrer logo. É uma mensagem compatível com a atitude prevalente em nossa sociedade, de que a gordura deve ser temida. Somos exortados a "mover guerra contra" a obesidade como se corpos gordos fossem uma ameaça equivalente ao Estado Islâmico, e "enfrentar" a obesidade como se fosse alguém invadindo nossa casa. É claro que isso faz uma pessoa gorda se sentir em guarda contra si própria, numa guerra que a encoraja, e a outros, a tratar seu corpo como um inimigo de Estado, o que também pode não ser o modo mais saudável de viver. Ainda falaremos mais sobre isso.

Hipócrates pode parecer uma autoridade surpreendente para quem escreve sobre saúde na atualidade. A medicina trilhou um longo caminho desde os séculos V e IV a.C. Não se veem médicos receitando os remédios dele apressadamente. A receita de Hipócrates contra calvície era aplicar na cabeça uma mistura de ópio, raiz-forte, cocô de pombo, beterraba e especiarias, e se isso não funcionasse, a castração era uma solução cirúrgica possível. Nem, graças a Deus, sua

DIETA COM HIPÓCRATES

cura para as "doenças das virgens" são o auge da moda na medicina pediátrica, pois preconizava que as meninas precisavam se casar e ter sexo tão logo sua menstruação começasse, para que não ficassem loucas.

As dietas, porém, geralmente são vendidas recorrendo à autoridade do passado. Assim como a mania da paleo-dieta busca legitimidade na era paleolítica, as dietas que citam Hipócrates buscam legitimidade no lendário status do primeiro médico do Ocidente. Isso por si só já é um pouquinho de ficção, porque Hipócrates não pode ter escrito todos os tratados que sobrevivem na coleção chamada Hippocratic Corpus. Há mais de sessenta deles, e foram escritos num largo espaço de tempo. Quando falamos de Hipócrates, falamos dele ou de um de seus associados.

Hipócrates não teria endossado a cultura da dieta moderna, ou seja, a restrição de calorias na busca de um número na balança e nossa obsessão por sermos esbeltos. Ele desaprovava a gula, o consumo excessivo e extravagante de comida, bebida e outros prazeres do corpo, mas a gula não era tipicamente associada à gordura por Hipócrates e outros escritores antigos. Na Grécia antiga, gordo, em termos gerais, tinha uma conotação positiva de rico, próspero, pujante, enquanto magro sugeria pobre e fraco. Alguma incerteza é causada pelas dificuldades de tradução do grego antigo. O adjetivo grego *pachus*, por exemplo, frequentemente traduzido por "gordo", também pode significar "robusto" ou "corpulento". E ainda pode sugerir imponente, física e socialmente, o que nossa palavra gordo não sugere. Os presidentes Trump e Bill Clinton (antes de emagrecer) provavelmente seriam chamados de *pachus*.

No Hippocratic Corpus, o corpo de cada pessoa é considerado constitucionalmente diferente e moldado por vários fatores, como a geografia, o ambiente, humores corporais, dieta e exercícios. Crucial para a boa saúde é ter tudo isso em equilíbrio, mas os escritos hipocráticos nunca afirmam que, se você é gordo, emagrecer é importante para sua saúde.[2] Dizem que estar gorda pode ser prejudicial para a fertilidade da mulher, mas, se for assim, morar em cidades expostas a vento quente também pode.[3] Hipócrates aconselha a quem é gordo (ou corpulento) e quer emagrecer não comer enquanto faz exercícios, comer antes de esfriar totalmente do exercício, beber vinho tépido e diluído antes dos exercícios, fazer uma refeição por dia, parar de tomar banho, comer alimentos ricos, temperados, para se sentir satisfeito com mais facilidade, e dormir numa cama dura.[4] (Não tenho certeza sobre dormir numa cama dura, mas tomar vinho antes de fazer exercícios me parece um privilégio quando penso em ir à academia.) Em se tratando de corpo, *equilíbrio* é a palavra-chave para Hipócrates. E a citação mais frequente nos livros de dieta, "Pessoas muito gordas por natureza são propensas a morrer mais cedo que as magras"? É um dos aforismos de Hipócrates e fica a meio caminho da observação de que indivíduos enforcados que estão inconscientes, mas não ainda mortos, não se recuperarão se estiverem espumando pela boca, e da opinião de que a epilepsia em pessoas jovens é mais frequentemente aliviada por "mudança de ares, de país e de modo de vida".[5] Não existe contexto narrativo que desenvolva e esclareça essa afirmativa. Ainda por cima, até o significado dessa breve frase não está claro. Em grego pode significar que as pessoas muito gordas por natureza, ao morrer, podem demorar menos tempo do que as magras, e não que morrem com menos idade ou prematuramente. Podemos pensar que isso é *bom*. Os *Aphorisms* contêm outro conselho relevante, mas completamente ignorado, pelos gurus das dietas modernas. O aforismo 1.5 aconselha contra as dietas restritivas para pessoas saudáveis (quebrar essa dieta era um risco para a saúde) e o aforismo 2.16 adverte: "Em estado de fome, não se deve trabalhar muito." O enfoque de Hipócrates era consideravelmente mais complicado e variado do que se admite nos livros de dieta modernos que o usam. Quando selecionamos apenas citações que apresentam a gordura sob uma luz negativa, distorcemos a visão geral exposta no *Hippocratic Corpus* e recrutamos Hipócrates como porta-voz contra a obesidade, o que ele não era.

O que importa se os mascates da dieta se apropriam erroneamente de Hipócrates? Não sou purista nem pedante quando se trata da maneira que entendemos e usamos a Antiguidade hoje. Citações equivocadas de textos antigos podem ser produtivas e criativas.[6] A distorção de Hipócrates me incomoda porque seus escritos estão sendo invocados pela indústria da dieta para promover a tristeza e a doença. Venho lecionando em universidades na Inglaterra e nos Estados Unidos por mais de vinte anos. Em minha experiência, um dos maiores desafios para o bem-estar das alunas, tão grande quanto o estresse das provas finais e o débito financeiro, é o transtorno alimentar. Quando comecei a dar aulas na Universidade de Reading, na Inglaterra, uma aluna minha, inteligente, vibrante, uma jovem adorável, morreu de ataque cardíaco devido à bulimia crônica. Muitas outras alunas com bulimia ou anorexia não conseguiam ir às aulas com frequência e tinham notas baixas. Inúmeras alunas e colegas confidenciaram estar insatisfeitas com seu corpo.

PRESENÇA DE ANTÍGONA

Uma colega minha faz jejum intermitentemente, outra raramente consome qualquer coisa quando está trabalhando, a não ser uma bebida de leite fermentado, e outra não come laticínios, cereais, glúten nem açúcar. Claro que os homens também são afetados pela cultura da dieta. Até o deus nórdico Thor, no filme *Vingadores: Ultimato*, não escapa da vergonha por ter engordado. Contudo, não foi reduzido a fazer marketing de produtos dietéticos como a Mulher Maravilha, que tem barrinhas de cereal reluzindo nos braceletes. A mensagem é que fazer dieta é empoderamento. Como diz Roxane Gay: "O desejo de emagrecer é considerado um traço padrão da feminilidade."[7] Em contraste, o desejo de emagrecer não é um traço padrão da masculinidade. A infelicidade causada por uma dieta "normal" e o patrimônio mental ocupado pela obsessão por alimentação são uma assombrosa perda de tempo, energia e talento.

Então, por que passei a maior parte da vida, desde o fim da infância, entrando e saindo de dietas? Não foi por motivo de saúde – embora às vezes eu dissesse que era –, porque tenho ótima saúde. Nem era para me sentir mais bonita (quando estava magra, não me sentia mais bonita, mas me sentia mais aceita). Acho que era por duas razões. A primeira é que a magreza tem uma conotação de sucesso em nossa cultura, ao passo que a gordura sugere fracasso, preguiça moral e intelectual, falta de autocontrole. A vida acadêmica é ferozmente competitiva. Eu queria ser *e parecer* bem-sucedida. A segunda razão é que, enquanto a parte do meu trabalho dedicada à pesquisa pode ser feita em particular, sem ninguém me vendo (o filósofo Jacques Derrida era famoso por escrever vestindo pijama), lecionar é outra coisa. O holofote está, literalmente, em mim, junto com os olhos críticos dos alunos. Universitários podem ser implacáveis em termos de vigilância e zombaria.

A academia, não menos que toda a sociedade, é um mundo em que o estigma e a vergonha rondando a aparência são rotina. O sistema de questionários de avaliação dos professores, em que as opiniões dos alunos têm peso nas indicações para permanência no cargo e promoções, ultimamente tem sido espaço para ataques preconceituosos de gênero e raça. Estudos mostram que os alunos usam linguagem diferente, menos positiva, para professoras e professores negros. Um professor gordo, lendo as respostas sobre a aparência dos professores, pode se sentir assediado. Por muitos anos, elogios à aparência dos professores foram encorajados e normalizados pelo popular site Rate My Professor [Avalio Meu Professor], onde os alunos publicavam avaliações de seus professores, e inclusive, até 2018, avaliações de professores mais "gostosos": Quantos foguinhos você ganhou? Os docentes também podem avaliar, embora poucos sejam tão ostensivos ao manifestar seu desprezo quanto o professor de psicologia da Universidade do Novo México, que, alguns anos atrás, enviou pelo Twitter: "Caros candidatos obesos ao doutorado, se vocês não tiveram força de vontade suficiente para parar de comer carboidratos, não terão força de vontade para fazer uma dissertação #verdade."[8]

A Grécia e a Roma da Antiguidade teriam maior aceitação das pessoas gordas do que a América do Norte da atualidade? É difícil saber, porque figuras de mulheres respeitáveis não costumavam ser exibidas e comentadas. As imagens nos vasos decorativos eram altamente estilizadas, e o peso *per se* não era um assunto em alta. A insistência da Grécia na rígida disciplina corporal (atletismo dos homens e, em Esparta, das mulheres também), aliada a normas de refeições frugais, devia colaborar para que a gordura fosse muito menos comum do que é hoje. É importante evitar a armadilha de romantizar a Antiguidade, pois não há evidências de que ser gordo era uma marca de beleza na Grécia antiga como é, digamos, na Mauritânia.

No entanto, uma boa indicação de beleza é a estátua de Afrodite, chamada de Vênus pelos romanos, deusa do amor e da luxúria. É representada em diversos tamanhos e poses. A estátua conhecida como Afrodite Agachada, de origem situada no século III a.C. e muitas vezes copiada e adaptada por artistas romanos, mostra a deusa nua nessa pose, com muitas dobras carnudas no estômago. Estudiosos tendem a falar sobre essa escultura de corpo feminino curvilíneo em termos de "simbolizar a fertilidade".[9] Podem estar certos, mas a linguagem da fertilidade é muito clínica, remete a tabelinha de ovulação e injeções de hormônios. Pode nos levar a esquecer que Afrodite é acima de tudo sexy. Estátuas de Afrodite e Vênus eram consideradas a personificação da beleza na Grécia e em Roma da Antiguidade, mas se fossem trazidas à vida hoje, iriam ser aconselhadas a fazer uma dieta.

Essas estátuas dão a medida de como os tempos e os padrões de beleza mudaram. Há mais ou menos cem anos, faculdades de artes liberais para mulheres no nordeste dos Estados Unidos promoviam concursos entre as alunas para ver qual corpo se assemelhava mais ao da estátua conhecida como Vênus de Milo. O Wellesley College, em Massachusetts, tirou medidas de todas as alunas e divulgou os dados

DIETA COM HIPÓCRATES

Se Afrodite vivesse hoje, seria aconselhada a fazer uma dieta. (Afrodite Agachada, século II EC.)

combinados em 10 de fevereiro de 1916. Os dados foram usados para alardear a beleza das mulheres do Wellesley, apontando que a aluna típica tinha a circunferência da cintura com diferença de um centímetro da cintura da Vênus de Milo. Cinco dias depois, a primeira página do *Chicago Daily Tribune* noticiava que a composição da Vênus de Wellesley foi "superada pela senhorita Margareth Willett, a beldade da faculdade Swarthmore e líder em atletismo feminino, conforme as medidas da senhorita Willett divulgadas hoje por suas amigas". O artigo, intitulado "Best Wellesley Venuses: Swarthmore Girl Said by Those Who Measured Her to Have a Perfect Figure" [Melhor das Vênus de Wellesley: Garota de Swarthmore Tem Um Corpo Perfeito Segundo Quem Tirou Suas Medidas], prossegue: "Em altura, peso e cintura, a garota de Swarthmore só se diferencia da Vênus de Milo por uma fração mínima de centímetro. O busto é praticamente igual e as medidas das pernas são quase idênticas."[10]

Isso é um absurdo. Para começar, a noção de que as alunas tinham o mesmo peso e medidas semelhantes, inclusive a altura da Vênus de Milo, não pode ser verdade. A Vênus de Milo, como pode constatar quem a vê no Museu do Louvre, em Paris, mede 2,07 metros. Não sei o peso da estátua, mas como é feita de mármore maciço, pesa muito mais que uma aluna de faculdade. A não ser que as alunas de Wellesley e Swarthmore sejam uma comunidade de aberrações em altura e peso, com estômago achatado e busto modesto, suas medidas não podem ser quase idênticas às da Vênus de Milo. Noticiou-se que a senhorita Willett pesava quase 60 quilos e media 1,67m.[11] A explicação mais provável é que as estudantes tenham sido medidas conforme uma imagem de gesso da Vênus de Milo. Sabemos que uma imagem em gesso da Vênus de Milo fazia parte das réplicas de antiguidades alinhadas nos corredores do Wellesley College, e outras faculdades tinham réplicas também.[12] O entendimento de que o ideal estético para as alunas era uma imagem *em gesso* da Vênus de Milo revela uma das formas em que o exercício foi ridículo e enfatiza a futilidade de toda a exatidão das medidas. Afinal, imagens têm uma ampla variedade de altura e peso.

E o que é essa assustadora prática de faculdades medirem o corpo de alunas? Tem sido uma prática comum para mulheres, e em menor extensão para homens, em faculdades de elite desde os anos 1890, quando professores de educação física como o dr. Dudley Allen Sargent, diretor do Hemenway Gymnasium na Universidade de Harvard, coletou fichas de medidas de estudantes em várias instituições para fins de pesquisa.[13] Em 1893, Sargent usou esses dados para projetar uma estátua baseada no conjunto das medidas de alunas. Foi exibida na Chicago World's Fair daquele ano e ficou conhecida como a Vênus de Harvard. As visitantes da feira eram convidadas a comparar suas medidas com as da Vênus, e assim o uso de imagens da Vênus ficou como referência para medir o corpo de mulheres de verdade, mas com uma distorção, porque essa estátua foi uma compilação dos dados de corpos de mulheres de verdade.

A criação de uma imagem de beleza ideal a partir de um conjunto de corpos de mulheres de verdade é uma prática que remonta ao famoso artista grego Zeuxis, que viveu no século V a.C. Uma anedota diz que, não conseguindo encontrar uma mulher suficientemente bela como modelo para pintar um retrato de Helena, a mais bela do mundo, ele selecionou cinco mulheres e fez o retrato com uma compilação dos melhores traços delas.[14] Outra anedota conta como Zeuxis morreu. Foi contratado para pintar um quadro de Afrodite por uma velha senhora, presumivelmente feia, segundo a lógica da história, que insistiu em ser a modelo. Enquanto tentava pintar o quadro, Zeuxis morreu de tanto rir.[15] Essa anedota faz troça de Zeuxis por seu método "realista" de pintar e a relação entre modelo e tema. Mostra também que zombar de mulheres que querem se ver belas tem uma longa história.

Imagino se uma aluna de Wellesley ou Swarthmore ou Harvard nascida sem os braços, ou que os tenha perdido mais tarde, teria sido eleita como perfeição de beleza.[16] O impulso para idealizar, visto na prática de comparar mulheres com a Vênus de Milo, é tão forte que ignora ou desconsidera o fato de que a estátua não tem os braços, devido a avarias sofridas antes e depois de ter sido escavada, em 1820. A famosa estátua *Alison Lapper Grávida*, esculpida por Marc Quinn retratando a artista inglesa Alison Lapper, que nasceu sem braços, faz eco à Vênus de Milo e ressalta como a estátua antiga pode ser usada como modelo para se ver beleza na deficiência e que a perfeição assume muitas formas.[17]

Muito do comportamento do dr. Dudley Sargent é repulsivo para nossa sensibilidade, mas a escolha da Vênus de Milo como paradigma para a mulher americana foi, de um modo muito importante, radical. Foi uma reação ao ideal feminino do período vitoriano, quando as mulheres usavam espartilhos e vestidos com anquinhas, formando cinturas finas apertadíssimas e quadris e traseiros exagerados. Num artigo da *Harper's Bazar* em 1897, intitulado "Tristezas da Gorda", Edith Bigelow escreveu sobre o "crime" e a "deformidade" da gordura. Para Bigelow, Vênus não era a beleza ideal por ser roliça demais para a moda vigente: "A própria Vênus não seria capaz de apertar o espartilho, e se usasse corpete, teria que ser feito sob encomenda." Ela prossegue dizendo que somente no mundo não civilizado da África mulheres gordas seriam consideradas belas".[18] "Tristezas da Gorda" era parte de uma tendência nos séculos XVIII e XIX, tanto nas teorias científicas como na cultura popular, que ligava gordura a negritude e magreza a brancura. A socióloga Sabrina Strings demonstrou que a fobia à gordura em relação a mulheres negras não emanava de preocupações médicas com a saúde, mas da associação, durante o Iluminismo, entre gordura, negritude, estupidez e selvageria. Em contrapartida, e ao mesmo tempo, crescia uma associação entre magreza, brancura, inteligência e civilização. Essas imagens, segundo Springs, eram "usadas para degradar as mulheres negras *e* disciplinar as mulheres brancas".[19]

Somente depois que essas ideias racistas e misóginas se fortaleceram foi que os escritos médicos usaram a "ciência" para confirmar a inconveniência de ser gordo. É outro motivo pelo qual são enganosas as citações de Hipócrates nos livros modernos de dietas, pois sugerem que há uma linha contínua de aprovação médica da gordura desde a Antiguidade até hoje, e obscurece o fato de que atitudes quanto ao tamanho do corpo são, e foram, muito mais do que tratam a medicina e a saúde. A indústria da dieta é construída sobre uma ideologia de preconceito racial, bem como de gênero.[20]

Minha experiência, assim como a de muitos homens e mulheres que conheço, é de que as dietas não funcionam. Após cada perda de peso significativa, eu ganhava tudo de volta, *e mais*. A primeira vez que fui posta em dieta, eu tinha dez anos e minha mãe declarou que minha bunda parecia uma prateleira. Tinha permissão para mil calorias por dia, mais um saco de chocolates Maltesers toda noite, como compensação. Se eu me permitir mergulhar nessa lembrança, ainda posso sentir o desejo que tinha por aqueles chocolates, a vergonha de querê-los desesperadamente, o gosto do papel vermelho estalando enquanto eu o lambia até ficar limpo. Antes eu não ligava muito para os chocolates, mas o racionamento de comida os tornava muito mais desejáveis. Minha história não é incomum. "Resultado não típico", diz todo comercial louvando a perda de peso de uma celebridade, e mesmo assim a gente põe tempo, dinheiro e fé nas dietas. Dizem-nos com tanta frequência e de maneiras tão diversas que ser gordo é o mesmo que não ser saudável, que os elementos econômicos associados a essa crença permanecem ocultos. Muito da "saúde" moderna é dirigido pelos interesses financeiros dos laboratórios farmacêuticos. Um exemplo: se uma pessoa está ou não acima do peso, ou obesa, é geralmente determinado por referência ao índice de massa corporal (IMC). Esse índice foi estabelecido segundo padrões determinados pela Organização Mundial de Saúde (OMS), que se baseou em recomendações da Força Tarefa Internacional contra a Obesidade (FTIO). Na época, os dois maiores fundadores da FTIO eram laboratórios farmacêuticos que compartilhavam entre si o monopólio da venda de remédios para perda de peso. Imagine só.

Há evidências científicas de que fazer exercícios com regularidade prolonga a vida, mas quanto a emagrecer, não.[21] Ainda faltam pesquisas sobre o dano causado por médicos receitando dietas, envergonhando pacientes gordos e fazendo diagnósticos equivocados porque não olham além de suas próprias suposições sobre a gordura. A jornalista Laura Fraser conta que sua irmã, Jan Fraser, morreu aos cinquenta e nove anos de câncer no endométrio em 2016. O câncer de endométrio é relativamente fácil de ser diagnosticado, mas o de Jan foi negligenciado. Segundo ela, o ginecologista não conseguia ver nada além do seu tamanho. "Ele não fez nada por mim, não encontrou nada. Só me viu como uma mulher velha e gorda se queixando."[22] Em 2018, Ellen Bennett, outra gorda que morreu de câncer e não era velha, usou seu obituário para atacar profissionais de medicina por envergonhá-la devido à gordura em vez de tratar dela: "Durante os últimos anos se sentindo mal, ela procurou intervenção médica e ninguém ofereceu apoio algum, nem sugestões além de perder peso. O último desejo de Ellen é que mulheres grandes façam sua morte ter importância, defendendo fortemente sua saúde e não aceitando que a gordura é o único fator relevante."²³ Minha avó, uma mulher de setenta anos, calorosa e com grande entusiasmo pela vida, teve um tratamento similar, com uma úlcera de estômago não diagnosticada. Quando se queixou de dor, o médico não indicou exames, só lhe disse para emagrecer. Sem tratamento para a úlcera, ela teve uma morte dolorosa e evitável.

Em casos de pessoas gordas, a profissão médica falha repetidamente em cumprir o juramento de Hipócrates, feito por todos os médicos. Parte do juramento é "lembrar que sou um membro da sociedade, com obrigações especiais para com *todos* os seres humanos" (itálico meu) e honrar a máxima "primeiro, não causar mal". Ao contrário do que muitos pensam, isso não está no juramento propriamente dito, mas um sentimento equivalente pode ser encontrado no *Epidemics* de Hipócrates.²⁴

Ainda que haja evidências de que a gordura pode ser benéfica à saúde em certas circunstâncias, são consideradas desculpas esfarrapadas. Vejamos um artigo intitulado "Obesidade e Doença Cardiovascular: Fator de Risco, Paradoxo e o Impacto da Perda de Peso", no *Journal of the American College of Cardiology*.²⁵ Os autores discutem vários estudos que documentam como as pessoas com excesso de peso e obesas (a terminologia é deles) e com doença cardiovascular estabelecida têm prognóstico melhor em comparação com pacientes que não têm excesso de peso e não são obesos. Eles chamam a isso "paradoxo da obesidade", que é uma formulação pejorativa. Poderia ser descrito corretamente como evidência que contradiz e complica a visão científica dominante, de que a obesidade é simplesmente, sempre e em todas as formas, ruim para as pessoas. Numa sessão curta, os autores discutem a relação entre IMC alto e risco de infarto.

Concluem a sessão – e aqui, mais uma vez, a retórica substitui a análise – citando a mais que batida frase de Hipócrates "A morte súbita é mais comum nos naturalmente gordos do que nos magros". Depois eles deixam claro que a "mortalidade após cirurgia bariátrica foi recentemente apontada como mais alta do que o esperado". Em outras palavras, "a morte súbita é mais comum entre os que fizeram a gastroplastia", mas eles concluem que isso não deve ser obstáculo para uma "redução de peso intencional".

A libertação do sofrimento da dieta veio para mim quando adotei o comer intuitivo, uma abordagem que ensina a criar uma relação saudável com a comida, a mente e o corpo, escutando as dicas do próprio corpo e não peritos médicos.[26] O comer intuitivo tem dois princípios básicos: fazer jus à fome, comendo até ficar satisfeito — a questão aqui é aprender a distinguir entre fome e apetite. E se você costuma comer até ficar empanturrado, deve procurar saber por quê, e enfrentar as causas emocionais. Esses dois princípios fazem eco com a discussão sobre autoindulgência na *Ética a Nicômaco*, do filósofo Aristóteles, que viveu no século posterior a Hipócrates. Devo enfatizar que a linguagem de Aristóteles é bem diferente do comer intuitivo, que destaca que você deve ser gentil consigo mesmo. Ele é severo quanto à moderação e desaprova os que se comprazem no excesso do comer e beber. Ele os chama de *gastrimargoi*, "barriga louca", e caracteriza o comer demais como bestial. Entretanto, está interessado na psicologia da compulsão alimentar.[27] Hoje sabemos que há muitas explicações para as pessoas que sempre comem quando não estão mais com fome. Usam a comida para lidar com o excesso de estímulos, para aplacar emoções e para se proteger. Um número

DIETA COM HIPÓCRATES

significativo de comedores compulsivos são sobreviventes de abuso físico ou sexual.[28] Certamente Aristóteles não identificou essas causas, mas ao sugerir que se faça jus à fome, seja qual for o tamanho da pessoa, pois não se preocupava com gordura, e abordando a questão de por que se come demais, ele pode (com um pouquinho de pressão e supressão deliberadas) apontar um caminho melhor que o de Hipócrates para a saúde moderna.

A escolha de quais pensadores antigos tomar como autoridades no mundo moderno, além da maneira como os interpretamos seletivamente, é um negócio politizado, com ramificações na vida real. A Antiguidade Clássica é rica e variada o suficiente para fornecer material de debate das narrativas que evitamos ou que elegemos. O conselho de Aristóteles para comer até a saciedade e refletir sobre os motivos de comer demais é uma receita melhor para a felicidade e a saúde humanas do que o aforismo de Hipócrates, usurpado pela indústria da dieta para meter medo a ponto de nos levar a passar fome, vomitar, e fazer coisas esquisitas com xarope de bordo e pimenta de caiena. A receita de Aristóteles é para nos tratarmos com gentileza e curiosidade, o que é de fato uma coisa boa.

CAPÍTULO 4

OS CONTROLADORES DE MULHERES

Seja qual for o tamanho da menina, se ela estiver na escola, deve ter o cuidado de não expor demais o corpo. O significado de demais não é determinado pelo clima, a moda ou o conforto das alunas, e sim pelo código de roupas da escola. Quando minha filha, Athena, estava na no ensino fundamental, a professora, que era esposa do diretor, disse às garotas que não podiam deixar alças do sutiã aparecendo, nem usar decotes ou saias curtas porque *distraíam os professores homens*. Vou aprofundar. A esposa do diretor disse a meninas de doze anos ou mais que suas alças de sutiã, decotes e coxas precisavam estar cobertas para não perturbar seu marido e seus colegas do sexo masculino. Quando as meninas reclamaram que isso era estranho e inadequado, disseram-lhes que a professora havia se expressado mal. Ela quis dizer "desviar a atenção do ambiente acadêmico". Agora sabemos o que essa frase significa.

OS CONTROLADORES DE MULHERES

O policiamento das roupas de alunas se tornou algo como um pânico moral. Poucas escolas são tão extremadas quanto a Lord Grey School, em Buckinghamshire, na Inglaterra, que no primeiro dia de aula mandou para casa setenta alunas alegando que suas saias eram curtas demais, ou suas calças justas demais, mas todo dia meninas são "codificadas" por usarem roupas que, aos olhos dos administradores de escolas, "distraem". Segundo o código da escola de Athena, em se tratando de saias e shorts, "o comprimento deve exceder o nó do dedo médio da mão quando os braços estão estendidos para baixo ao longo do corpo". Causava discussões no vestiário da loja H&M se o comprimento dos shorts ficava realmente abaixo do nó do dedo médio da mão dela, ou se ficava ali só porque ela se inclinava para o lado contrário ao que eu estivesse medindo, para o short parecer menos curto.

Em caso de dúvida, o manual da escola advertia que "o julgamento do diretor sobre a aparência apropriada das alunas deve prevalecer, esteja a vestimenta descrita ou não no manual ou nas diretrizes suplementares". A escola impunha a crianças uma percepção adulta do que era sexualmente excitante. Permitia uma loucura autoritária que levou Stephanie Hughes, aluna da Woodford County High School, no Kentucky, a ser mandada de volta para casa porque sua *clavícula* estava à mostra. Segundo a mãe de Stephanie, a escola disse que a clavícula de sua filha podia perturbar os meninos.

Por que precisamos desse monitoramento obsessivo das roupas de estudantes? A aparência das alunas é submetida a uma intensa vigilância. Tanto as meninas como os meninos não brancos também são alvo do policiamento de roupas e cabelos. Muitas escolas, inclusive a de Athena, proíbem "penteados extremos, como dreadlocks", e crianças afro-americanas e nativo-americanas são punidas rotineiramente por usarem os cabelos com sua textura natural ou com apliques trançados.[1] Os códigos de roupas atingem diretamente os meninos calças caídas abaixo da cintura e adereços proibidos, supostamente a fim de evitar atividades de gangues, embora esses estilos façam parte há muito tempo da moda vigente. Alunos latinos e afro-americanos são mais propensos a esses modismos e, portanto, tendem a violar o código.

Seja qual for o propósito a que esse código serve, claramente não é à "proteção do ambiente acadêmico", seja lá o que isso significa. Passei toda a minha vida adulta em ambientes acadêmicos, nos Estados Unidos e no Reino Unido, e não são espécies em perigo de extinção. E nem todos seguem o mesmo modelo. Na Universidade de Cambridge, acadêmicos e estudantes vestem o que querem. Leggings, jeans e malhas são mais comuns do que ternos e gravatas, e os alunos pintam ou raspam os cabelos sem problema. Poucos professores são famosos por seu senso de moda, e nas raras ocasiões em que o sol aparece, também aparecem camisas havaianas e sandálias com meias. Ao presidir ocasiões formais, como bancas de exames ou jantares de gala da reitoria, professores cumprem a exigência de indumentária acadêmica. São trajes semelhantes a mantos, longos, negros, perfeitos para disfarçar manchas antigas, mas que os fazem parecer um bando de corvos dementes. Curiosamente, o trabalho acadêmico de excelência continua sendo realizado.

Na Universidade da Califórnia em Santa Barbara (UCSB), onde leciono hoje, os professores tendem a se vestir melhor do que na Universidade de Cambridge, mas a maioria dos estudantes se veste visando ao conforto. Quando a temperatura atinge 27ºC, o campus parece um festival nas férias de primavera. Fico perplexa ao ver como as modas proibidas na escola da minha filha são comuns na universidade. Minhas salas de aula são um mar de alcinhas e shortinhos. Todos os dias alunas com alças de sutiã expostas redigem trabalhos brilhantes sobre engenharia química e ciências da computação. Seus colegas e professores conseguem discutir história militar ou filosofia analítica com essas jovens sem perder o foco. Apesar da ubiquidade de decotes amplos, a UCSB tem seis ganhadores de Prêmio Nobel. Os ambientes acadêmicos são criados por todo mundo que vem com o desejo de aprender e ensinar, e não para medir o comprimento de saias das garotas.

Códigos de roupas são necessários, argumentam alguns educadores, porque a moda das meninas mudou. As meninas são sexualizadas pela moda de um jeito que não eram em gerações anteriores, encorajadas por estrelas pop hipersexy rodopiando em vídeos musicais. A diretora de escola de ensino médio Christine Handy-Collins observa que o que é considerado sexy hoje é diferente de quando ela era garota, nos anos 1970 e 1980: "Você tem que estar bem. Você quer estar na moda. Sempre foi assim", ela diz. "Mas nossa [mini] saia era diferente da mini delas".[2] Diane Levin, autora de *So Sexy, So Soon*, aponta o dedo para a desregulamentação da televisão nos anos 1980, uma mudança que tornou legal promover brinquedos ligados aos programas de TV para crianças, como as bonecas Bratz, cujos olhos de corça, beicinho polpudo e microssaia fazem a Barbie parecer antiquada. Uma conspiração, então, dos fabricantes Bratz, Nicki Minaj e Abercrombie & Fitch? Não. E não apenas porque essa linha de pensamento acaba pondo a culpa nas meninas, que, como consumidoras da cultura pop e compradoras de moda, são coniventes com se tornar – prossegue o argumento – objetos provocantes. Mas também porque considerar os códigos de roupas um fenômeno novo, uma resposta do século XXI ao corpo feminino, é ignorar o fato de que o policiamento das roupas das mulheres não é uma prática somente dos dias de hoje. Tem uma história longa e feia.

As normas da Grécia e Roma antigas são uma parte pequena, mas fundamental, da longa história dos códigos de roupas.[3] No começo estão os *gunaikonomoi*, os "controladores de mulheres" na Grécia antiga. *Gunaikonomoi* eram agentes nas cidades, eleitos para o cargo, cuja responsabilidade era garantir que as mulheres se vestissem e se comportassem adequadamente.[4] Na maioria das cidades, mulheres respeitáveis não podiam aparecer muito em público, e ficavam em seus aposentos no lar. Escravas e mulheres pobres eram obrigadas a sair para buscar água ou trabalhar. A cidade de Esparta escandalizava cidadãos de outras cidades gregas, porque permitia que mulheres se exercitassem em áreas públicas de treinamento, mas em geral as únicas ocasiões em que mulheres respeitáveis apareciam em público eram os festivais religiosos e eventos como funerais e casamentos. Até a participação de mulheres nos festivais era provavelmente determinada pelos controladores que, segundo estudiosos, selecionavam as mulheres e meninas para os papéis mais cobiçados nos festivais. Todo ano em Atenas, por exemplo, duas meninas com idades entre sete e onze anos eram escolhidas para participar do culto a Atená Polias (Atenas como deusa padroeira da cidade), e depois para terem participação maior no festival em honra da deusa, chamado Arrephoria. Mulheres que haviam cometido adultério não tinham permissão, nem para participar dos festivais, nem para entrar nos templos de Atenas, e devia ser tarefa do *gunaikonomos* manter um registro das mulheres culpadas de cometer adultério e aplicar a lei de excluí-las da vida pública religiosa.

Julius Pollux, professor de retórica em Atenas durante o século II d.C., definiu o *gunaikonomos* como "um escritório preocupado com o funcionamento ordenado das mulheres". A palavra grega que traduzi como "funcionamento ordenado" é *kosmos*. Pode significar universo – a ordem em meio ao caos – e alguma coisa bem-arrumada ou adornada. Temos a palavra *cosmo* na derivada *cosméticos*. Encontramos indícios desses controladores de mulheres em três inscrições de Pergamon e Smyrna, onde as cidades de Bergama e de Izmir, na Turquia, estão situadas hoje. Elas se referem a um agente, muito provavelmente *gunaikonomos*, que era "o supervisor do decoro (*eukosmia*) das meninas". *Eukosmia* significa "boa ordem" ou "bom adorno"; a palavra tem as duas conotações. O controle do adorno era inextricável da ordem controladora. As roupas e o comportamento estavam intimamente associados.

É difícil para nós chegarmos a um entendimento exato do que eram as regras e os códigos de vestimentas, em parte porque as evidências são esparsas, em parte porque as cidades tinham festivais diferentes e normas diferentes, e em parte porque muito das práticas religiosas e culturais permanece envolto em mistério. Uma inscrição, na cidade de Andania, na antiga Messênia, no sudoeste do Peloponeso, proíbe o uso de acessórios de ouro, maquiagem para dar cor às faces, faixas no cabelo, tranças, e qualquer sapato, exceto os de feltro ou de couro sagrado. Os trajes das mulheres, em conjunto, não podiam ser muito caros. Havia limite de gastos conforme o status da mulher. As sacerdotisas sagradas tinham o limite máximo de 200 dracmas, outras mulheres 100 dracmas, e escravas 50 dracmas. Nenhuma mulher tinha permissão de usar mais que duas peças de roupa: um manto ou capa grande, chamado *himation*, e um vestido por baixo. Roupas transparentes eram explicitamente proibidas. Havia regras também sobre faixas coloridas nas roupas, embora as regras exatas não sejam claras. Está claro é que as mulheres tinham que se submeter a inspeções dos *gunaikonomoi*.

Há várias inscrições de punições para mulheres que infringissem os códigos de roupas ou que tivessem algum outro comportamento fora da ordem. A inscrição de Andania sugere que os *gunaikonomos* rasgavam as roupas de quem violasse o código e as ofereciam aos deuses. "Se alguma mulher usar roupas de outro modo, contrário ao decreto ou a alguma proibição, que o *gunaikonomos* não permita, e que tenha o poder de rasgá-las e dedicá-las aos deuses." Será que ele faria isso ali mesmo, rasgando as roupas da mulher, deixando-a nua em público? Não sabemos ao certo, mas há uma boa possibilidade. Mesmo se a mulher pudesse ir em casa, mudar de roupa e entregar as proibidas ao agente para que as rasgasse e ofertasse aos deuses, a oferta das roupas rasgadas seria feita em praça pública. A questão não é se a punição era humilhante, mas até que ponto chegava. Em outro lugar, lemos que as meninas e mulheres que quebravam o código eram multadas e o registro da transgressão era

OS CONTROLADORES DE MULHERES

colocado num quadro branco num plátano em praça pública. A vergonha era parte da penalidade. Infrações sérias de roupas e comportamentos levavam a mulher a ser excluída por até dez anos da vida religiosa da cidade. Em outras palavras, a mulher que entrasse em desacordo com os controladores poderia ser posta numa espécie de prisão domiciliar, exilada das poucas áreas públicas que antes tinham direito a frequentar.

Uma das mais importantes evidências sobre os *gunaikonomoi* é a *Vida de Sólon*, de Plutarco, um livro escrito na Grécia durante o Império Romano. Nele, Plutarco relata uma série de restrições para as mulheres de Atenas, ditadas pelo legislador Sólon no começo do século VI a.c. Várias dessas restrições policiam roupas e comportamento. Fora de casa, ele diz, as mulheres não devem usar mais que duas ou três peças de roupa. Se viajassem à noite, teria que ser numa carroça com um lampião na frente, regra esta presumivelmente para evitar ligações adúlteras. O comportamento de mulheres em funerais era regulado; demonstrações públicas muito longas e apaixonadas de sofrimento eram proscritas. Plutarco sugere que nisso também os homens eram punidos pelos *gunaikonomoi*, quando fossem excessivamente emocionais e demonstrassem o que ele chama de "comportamento pouco viril e efeminado".

Outra fonte, do século III a.C., citada por um contemporâneo de Plutarco, nos diz que em Siracusa "as mulheres não devem usar enfeites dourados, nem roupas decoradas com flores, nem túnicas debruadas de roxo, a não ser que se confesse prostituta disponível para todos".[5] A diferenciação entre prostitutas e mulheres respeitáveis por meio de trajes recomendados era uma prática que continuou no Império

Romano. Na época, prostitutas e adúlteras eram chamadas de *togata*, "usando toga". Mulheres castas eram rotuladas de *stolata*, "usando vestido". A toga era a vestimenta típica dos cidadãos do sexo masculino, ou pelo menos dos que fossem ricos o bastante para comprar uma. Diferentemente da imagem das togas de hoje, vistas em festas de universitários e filmes de época, em que a toga parece um lençol branco, as togas no mundo romano tinham um colorido forte, geralmente em amarelo açafrão.[6] Ao chamar prostitutas e mulheres que cometiam adultério de vestidas de toga, a sociedade romana marcava, visível e duramente, meninas e mulheres que violavam as normas sexuais.

Antes da letra escarlate, veio a toga amarela. Algumas fontes indicam que prostitutas e mulheres culpadas de adultério eram obrigadas a usar togas. Esse regra era imposta a elas como parte da punição. Talvez envergonhasse as mulheres marcadas pela sociedade como sexualmente transgressoras, sugerindo que tinham apetite sexual igual ao dos homens e, portanto, tinham que usar roupas de homens. Certamente, a toga marcava prostitutas como figuras públicas. As romanas respeitáveis não saíam à rua desacompanhadas, mas as prostitutas, sim, e obrigando-as a usar toga reconheciam sua presença pública de modo a humilhá-las.

Estudiosos não sabem ao certo quando terminou a prática de eleger controladores de mulheres. O político romano Cícero, escrevendo em torno de 45 a.C., durante a República Romana, argumentou que a cidade de Roma não deveria elegê-los, mas não que ele fosse um feminista precoce: "E não devemos colocar um comissário para as mulheres, à moda dos agentes eleitos pelos gregos, mas devemos ter um censor para ensinar os maridos a controlar as esposas."[7] Na

OS CONTROLADORES DE MULHERES

verdade, Cícero defende privatizar e adotar um equivalente doméstico para o trabalho dos controladores de mulheres. A eleição de reguladores estatais pode ter acabado, mas a prática da regulação permaneceu. Numa ocasião memorável, as mulheres combateram o controle dos homens sobre seus trajes e comportamento. Cerca de 170 anos antes da discussão de Cícero sobre os controladores de mulheres, foi aprovada uma lei que proibia as mulheres de usar mais que quinze gramas de ouro, limitando assim sua possibilidade de usar joias de ouro, e de usar roupas multicoloridas, que eram mais caras. Ficou conhecida como Lei Ópia, e foi introduzida em 216 a.C. como medida de emergência, durante uma guerra. Nesse período de austeridade havia um medo de que a ostentação de riqueza enfraquecesse os valores tradicionais militares e estimulasse a corrupção.[8] Mas medidas de emergência são muito usadas para impor um maior controle social, e estudiosos sugerem que a verdadeira razão para a legislação era conter a crescente visibilidade e independência das mulheres romanas.[9] Quer fosse por isso, quer não, é claro que a lei era um meio de policiar o comportamento e a liberdade de movimento das romanas. A lei proibia também que as mulheres andassem de carruagem em Roma ou em qualquer outra cidade, exceto para participar de ritos religiosos públicos. Após o fim da guerra, com a vitória de Roma, houve pressão para repetir a lei. Um apoiador dessa lei, Cato, o Velho, falou veementemente contra a liberdade das mulheres: "Nossos ancestrais não queriam que as mulheres conduzissem qualquer negócio, nem mesmo privado, sem um guardião. Queriam que fossem mantidas sob a autoridade do pai, dos irmãos, ou do marido", argumentou, repreendendo a "natureza desabrida" das mulheres, sua falta de autocontrole e desejo de liberdade.[10] As mulheres de Roma protestaram durante vários dias, reunindo-se nas ruas e bloqueando o acesso aos prédios governamentais. As demonstrações em massa foram extraordinárias, pois não era socialmente aceito que as mulheres se reunissem em público para protestar, mas tiveram sucesso. A Lei Ópia foi revogada em 195 a.C.[11]

Hoje as regras de vestimentas nem sempre são reguladas por agentes do governo como eram na Antiguidade, mas ainda são um meio de controlar meninas e mulheres, e levá--las a sentir vergonha do corpo. E ainda inculcam normas de gênero conservadoras. Os códigos de vestimentas nas escolas são também aplicados para que os meninos não sejam muito femininos, de maneira semelhante ao relato de Plutarco sobre a punição dos *gunaikonomoi* a meninos e homens por "comportamento pouco viril e efeminado". As regras de vestimentas consolidam diferenças cisgênero. Raramente é permitido aos meninos usar saias ou a qualquer criança ter uma aparência não binária de gênero. As hierarquias raciais também são mantidas, com estudantes não brancos sendo policiados e punidos com maior frequência por violações do código. O código de vestimentas nas escolas, assim como a Lei Ópia na Roma antiga, abrange mais que as roupas, pois são um meio de impor um controle patriarcal. Pode-se até concluir que são um *pretexto* para controlar meninas, crianças trans e não conformistas com seu gênero, e alunos não brancos.

Para crianças inconformadas com essas normas, o preço pode ser alto. Deanna J. Glickman, advogada da defensoria pública em Robeson County, na Carolina do Norte, afirmou que "o código de vestimentas é um gargalo que leva alunos trans da escola para a prisão", assim como faz, desproporcionalmente, com alunos não brancos.[12] Para alunos que descumprem as regras escolares, o trajeto escola-prisão é um funil que os leva diretamente para institutos de correção de menores, criminalizando-os e os preparando para o fracasso. As últimas estatísticas disponíveis mostram que meninas não brancas têm probabilidade 2,8 vezes maior que meninas brancas de serem suspensas por infrações menores como descumprir o código de vestimentas, e a perda de aulas tem consequências para o resultado acadêmico, a obtenção de emprego, potencial de ganhos e saúde.[13] Os estados que mostram maior parcialidade racial em taxas de suspensão, onde meninas não brancas têm probabilidade até 5,5 vezes maior de suspensão na escola, são os estados que têm também regras mais estritas sobre a sexualidade das mulheres e direitos reprodutivos. Podemos estender um fio ligando o policiamento dos trajes das meninas a um controle mais sistêmico dos direitos das mulheres, principalmente das mulheres não brancas.

Afinal, a escola é onde aprendemos primeiro sobre o mundo e nosso lugar nele. As escolas ensinam às meninas que seu lugar é ser ansiosas e diminuídas. Que sua educação é menos importante que a dos meninos, os quais precisam se proteger dos perigos do corpo das meninas. Que as meninas não podem sair à rua sem cuidar para que sua aparência não seja motivo de distração e provocação para os homens. Essas ideias nada têm de novas. Elas reforçam a suposição de que, se as garotas são violentadas sexualmente, a culpa é delas. *O que ela estava vestindo?* É a reação mais comum quando uma garota é violentada. Chanel Miller, a escritora que foi violentada por Brock Turner, aluno de Stanford, estava vestindo um cardigã bege. A mulher pode estar com um macacão de bombeiro, que alguns garotos e homens vão alegar que ficaram excitados por causa da roupa que ela estava usando.

Usar um niqab, hijab ou burka não protege as mulheres de assédio e ataques. Shaista Gohir, diretora da Muslim Women's Network no Reino Unido, que é um serviço de assistência a muçulmanas, declarou ao jornal *Independent*: "Recebemos chamados de mulheres muçulmanas que relatam ataques sexuais e estupros. Estavam totalmente vestidas. Algumas estavam usando *hijab* (véu que cobre a cabeça), *jilbab* (túnica completa), e até *niqab* (véu cobrindo o rosto). Os agressores às vezes eram amigos da família, parentes e também líderes religiosos respeitáveis na comunidade. As roupas das mulheres são uma desculpa popularizada entre os homens para justificar seu comportamento, para não precisarem assumir a responsabilidade."[14]

Na Roma antiga, se um homem atacasse sexualmente uma mulher vestida como prostituta, era considerado um crime muito menor do que se fosse com uma mulher respeitável. Esse legado do que chamamos de *slut shaming*, a degradação de uma mulher por causa da roupa que ela está vestindo, é comum e corrente. Os códigos de roupas são usados constantemente como razão para professores rotularem meninas como prostitutas e culpá-las pelo assédio sexual masculino. Uma colaboradora do Everyday Sexism Project, uma iniciativa estabelecida para registrar exemplos de sexismo vivenciado no dia a dia, escreveu: "Um professor me disse que o jeito que eu usava as meias me fazia parecer uma prostituta no meu primeiro ano de escola, como se eu já tivesse 13 anos, e me perguntaram se eu não tinha vergonha de ter enrolado a saia para cima." O assistente da diretoria de uma escola de Dakota do Norte me explicou que haviam proibido leggings e jeans muito justos "a fim de evitar que [as garotas] distraíssem os professores e alunos", e faziam as meninas assistirem a cenas do filme *Uma Linda Mulher*, em que Julia Roberts faz o papel de uma profissional do sexo que sofre humilhação, para ensinar às meninas que roupas evitar. As meninas disseram que era como se os professores estivessem, na verdade, chamando-as de prostitutas.[15]

As meninas são categorizadas por sua disponibilidade sexual para os homens, e as roupas são um meio para isso. Precisamos enfrentar urgentemente o mito de que homens e garotos não conseguem se controlar ao serem "distraídos". O que chamamos de distração ou perturbação é de fato agressão sexual masculina. Acreditamos na mentira que diz que os homens não conseguem evitar ser atraídos e não conseguem controlar seu comportamento quando são atraídos por alguém. A agressão deslocada para meninas e mulheres é evidente nas normas e regulações sobre as roupas que devem usar.

Uma escola está desafiando a suposição de que a agressão sexual masculina não pode ser vigiada, ou que homens e meninos não conseguem aprender a tratar com atenção e respeito mulheres, trans e não conformistas com o próprio gênero. A Evanston Township High School, nos arredores de Chicago, elaborou um código de vestimentas que evita o constrangimento de estudantes com a mesma energia com que as escolas costumam policiar alças de sutiã aparecendo. Em 2018, a escola atualizou suas normas para proibir explicitamente comportamento e linguagem que causem constrangimento a estudantes: "Os funcionários devem fazer cumprir o código de vestimentas de forma consistente e de modo a não apoiar nem aumentar a marginalização ou opressão de qualquer grupo com base em raça, sexo, identidade de gênero, expressão de gênero, orientação sexual, etnia, religião, costumes, renda familiar ou tipo/tamanho de corpo." E prossegue esclarecendo que o constrangimento inclui:

- Ajoelhar ou se inclinar para verificar a adequação do traje
- Medir comprimento de alças ou saias
- Pedir aos estudantes que expliquem seus trajes na sala de aula ou em corredores na frente de outros
- Chamar atenção de estudantes em espaços, corredores ou sala de aula por violações do código de vestimentas na frente de outros e, em particular, orientar estudantes a consertar calças frouxas que não exponham toda a roupa íntima, ou confrontar estudantes sobre alças de sutiã visíveis, posto que cós e alças em roupas íntimas são permitidos
- Acusar estudantes de "distrair" outros estudantes com suas roupas[16]

Tão simples, tão direto; contudo, no clima atual, francamente revolucionário. Constam da lista princípios básicos, como "certas partes do corpo devem estar cobertas em todos os estudantes, em todas as ocasiões", e os estudantes não devem usar nada que possa pôr a segurança em risco, que promova discurso de ódio, drogas ou álcool, ou que cubra

OS CONTROLADORES DE MULHERES

totalmente o rosto (embora capuz e adornos de cabeça por motivos religiosos sejam permitidos).

O código de vestimentas de Evanston mostra que é possível mudar comportamentos e valores internalizados. Lembra às crianças, e aos adultos, que é responsabilidade de cada um não se deixar perturbar por outra pessoa. Meninas não são responsáveis pela maneira com que os meninos reagem a elas. Ou, nas palavras do código de vestimentas de Evanston, "Todos os estudantes e todos os funcionários devem entender que são responsáveis por administrar suas 'distrações' pessoais sem regular roupas/autoexpressão individual dos estudantes".

Um mito grego adverte contra os perigos e a futilidade de tentar controlar as mulheres. Sua versão mais famosa é *As Bacantes*, de Eurípedes. As bacantes, também chamadas de mênades, eram adoradoras do deus Dioniso. O mito diz que Penteu, rei de Tebas (cujo nome significa "tristeza", o que é uma boa dica da história), se enfurece com a chegada de um estrangeiro vindo da Ásia, Dioniso, e se recusa a reconhecer que ele é um deus. Dioniso tem aparência efeminada, pois é pansexual, o que repele e fascina o rígido Penteu. Numa produção de 2008, Alan Cumming representou Dioniso e subiu ao palco pendurado de cabeça para baixo, com a bunda à mostra sob o vestido de lamê dourado.[17]

Sob a influência de Dioniso, as mulheres da cidade, inclusive Agave, a mãe de Penteu, saíram de casa e ficaram vagando pelos campos. A aparência delas era espantosa, com saias douradas e cabelos soltos enfeitados com hera e flores.

PRESENÇA DE ANTÍGONA

Tentativas de controlar mulheres não acabam bem. (Penteu prestes a ser esquartejado pelas bacantes, pintura em parede em Pompeia, século I d.C.)

Penteu ficou obcecado por recuperar o controle das mulheres e jurou que "elas serão caçadas pelas montanhas como os animais que são".[18] Ele tinha fantasias sobre as intenções das mulheres, agora que não estavam mais sob o controle de seus homens, e imaginava que fizessem orgias, quando na verdade não estavam fazendo nada desse tipo.

O sábio profeta Tirésias adverte Penteu: "Não tenha tanta certeza de que o poder é o que vale na vida do homem; não confunda com sabedoria as fantasias da sua mente doentia", mas o rei jurou fazer guerra às mulheres.[19] Nesse momento Dioniso, que dera a Penteu muitas chances de respeitá-lo, coloca-o numa espécie de transe, e o convida a espionar as mulheres. Penteu vai disfarçado, com roupas femininas e uma peruca cacheada, fazendo trejeitos vaidosos. O fim de Penteu é pavoroso e sangrento como qualquer mito grego. As bacantes, também enfeitiçadas por Dioniso, o tomam por um animal e o esquartejam. "Uma arranca seu braço, outra, um pé ainda quente no sapato."[20] Sua mãe arranca-lhe a cabeça e a empala. E assim o caçador se torna a presa.

Esse mito mostra as graves consequências da húbris, a arrogância dos homens que se recusam a acatar e respeitar a religião, ainda que seja estranha a eles. Mas é também um conto admonitório sobre o que acontece quando homens tentam controlar mulheres. Acabam se dando mal também. Todo político que defende os valores da família e é apanhado num escândalo sexual é descendente de Penteu. Da mesma forma que todo educador que controla meninas por meio do código de roupas porque não confia em si mesmo quanto a ficar perturbado. Eu queria ter enviado uma cópia de *As Bacantes* para o diretor da escola de Athena.

CAPÍTULO 5

#METOO / #EUTAMBÉM

Diz a lenda que Daphne era uma ninfa das águas que nadava livremente em fontes e rios. Um dia, o deus Apolo foi tomado de luxúria por Daphne e, quando ela o rejeitou e fugiu, passou a persegui-la. Não conseguindo mais fugir, aterrorizada, Daphne gritou por seu pai, deus dos rios, pedindo socorro. O pai transformou-a numa árvore, um loureiro, salvando sua filha da agressão sexual.

> *Sua prece mal findara, um forte torpor a toma por inteiro*
> *Seus membros, o suave seio, se envolvem em delicada casca*
> *Os cabelos se alongam em folhagens, os braços se tornam galhos*
> *Seus pés, antes ligeiros, já se moldam em raízes imóveis*
> *Seu rosto, a copa da árvore.*[1]

Frustrado, Apolo lhe diz que vai roubar seus galhos e o tronco, e com eles fazer instrumentos musicais para tocar e setas para atirar. Vai arrancar suas folhas e com elas tecer guirlandas para coroar os vitoriosos nos jogos atléticos. Para Daphne, afinal, não houve escapatória da violência física de Apolo.

Os mitos antigos dramatizam repetidamente a agressão sexual. Esses mitos se tornaram uma arte valorizada da nossa cultura. Em qualquer museu importante pode-se ver Daphne se metamorfoseando em árvore, junto com obras como *O Rapto de Europa, O Rapto das Sabinas, O Rapto das filhas de Leucipo, O Rapto de Filomela, O Rapto de Prosérpina*, o rapto de Lucrécia, de Leda, Polixena, Cassandra, Deianeira... Há mais quadros em museus da Europa e América do Norte com cenas mitológicas de raptos do que quadros pintados por artistas negras. Olhando para o céu à noite, lá também você verá inscrições de cenas de raptos antigos: as Luas Galileanas de Júpiter são assim chamadas por causa das vítimas Io, Europa, Ganimedes e Calisto.[2]

Os mitos nos dão um repertório de narrativas de raptos; são ideias e crenças que comunicam nossas próprias perspectivas da violência sexual. O mito de Fedra, que acusou falsamente seu enteado de estupro, nos diz que as mulheres mentem sobre serem estupradas. O mito de Cassandra, que concordou em fazer sexo com Apolo, mas depois mudou de ideia e foi punida com o "dom" de dizer sempre a verdade sem ninguém acreditar, nos fala que as mulheres serão punidas se se recusarem a fazer sexo e que ninguém vai acreditar quando disserem a verdade, isto é, que foram estupradas. Medusa era uma mulher linda, estuprada pelo deus Netuno no templo da deusa Minerva. A deusa, insultada pela atividade sexual em seu espaço sagrado, puniu Medusa, e não Netuno, transformando-a em um monstro, a Górgona, de cabelos de serpentes cujo olhar transformava os homens em pedra. Seu mito nos diz que é a estuprada que será punida, não o estuprador. Daphne chamou seu pai para ajudá-la a escapar do assédio de Apolo. Mais especificamente, numa versão do poeta romano Ovídio, Daphne pediu ao pai que destruísse sua beleza, que a "tornava atraente demais".[3] O mito da tentativa de estupro de Daphne nos conta que a culpa por incitar a agressão sexual masculina é da aparência da mulher. Ela estava pedindo por isso.

O mito de Helena é talvez o mais perigoso de todos os mitos de assédio. Contado e recontado de diversas maneiras, alguns falam que Páris a sequestrou, outros falam que ela seduziu Páris. Os mitos sugerem que jamais seremos capazes de saber se ela foi estuprada ou se estava querendo.[4] Essas ideias sobre estupro são perniciosas e persistentes. Estão subjacentes à descrença no testemunho de Christine Blasey Ford, de que Brett Kavanaugh tentou estuprá-la quando ela tinha quinze anos, ou à descrença em que ela se lembrava perfeitamente de quem era o agressor, e até se havia sido realmente atacada por alguém – o que é outra maneira de não acreditar numa mulher, só com uma retórica ligeiramente mais sofisticada. Todas essas "lições" sobre estupro estão firmemente entranhadas em nossa cultura e devem ser parcialmente responsáveis pela assombrosa subnotificação de crimes sexuais à polícia, e pela ainda mais deprimente proporção de prisões por tais crimes.[5]

Daphne, Medusa, Cassandra, e outras mulheres e espíritos femininos que foram assediadas e agredidas nos mitos gregos e romanos não têm compensações como nas histórias de super-heróis do universo dos Vingadores da Marvel. Nunca foi permitido que elas se encontrassem para comparar anotações sobre suas experiências, nem para promoverem uma ação coletiva para chamar às falas os homens e deuses que lhes fizeram mal. Aqui o mito faz o trabalho de um parceiro abusivo, isolando as mulheres. Elas nunca têm um momento #MeToo [#EuTambém].

Alguns dizem que essas narrativas não deveriam ser lidas hoje. *Metamorfoses* de Ovídio, escrito cerca de 8 d.C., tem sido particularmente controverso. Em algumas universidades os alunos exigiram que fosse retirado do currículo.[6] Um poema longo e influente, em latim, que conta histórias de mudanças – mudança de forma, de corpo, de sexo –, *Metamorfoses* traz muitas descrições de assédio e foi criticado, com alguma razão, por erotizar o trauma.[7] Então, por que temos que ler esses mitos? O que eles nos dizem na idade do #MeToo?

Tarana Burke, a ativista que fundou o #MeToo em 2006 como um movimento de base para apoiar mulheres não brancas que sofreram abuso sexual, movimento que depois, em 2017, se tornou uma campanha mundial contra assédio sexual, disse que sua meta principal era promover "empoderamento por meio da empatia". Alguns mitos sobre violência sexual narrados por Ovídio e outros escritores fazem exatamente isso. Eles nos convidam a ter empatia com as mulheres que são violentadas e mostram um entendimento da psicologia do assédio sexual e os efeitos do trauma nas vítimas.[8]

Ovídio descreve muitas e muitas vezes mulheres atacadas deixando seu corpo e se transformando em árvores, arbustos, ou touceiras de junco. Eu os leio como dramatizações imaginativas da paralisia e da dissociação causadas pelo trauma. A reação de Daphne ao assédio de Apolo, incapaz de fugir ou falar, e um "forte torpor a toma por inteiro", capta o que acontece com as vítimas de assédio sexual. A dissociação permite que a pessoa evite a experiência do ataque. Nosso rígido vocabulário médico chama essa paralisia temporária e involuntária de *imobilidade tônica*. A sensação de deixar o corpo e ficar alienada dele é bem documentada, assim como seus efeitos duradouros.[9]

Quando menina, fui violentada. Já bem adulta, eu tinha muito pouca percepção sensorial do meu corpo. Eu era tão desconectada que meu corpo era pouco mais que um veículo carregando minha cabeça de um lugar a outro. Do pescoço até os joelhos eu poderia muito bem ser feita de madeira. Li *Metamorfoses* de Ovídio aos treze anos, e fiquei fascinada com a história de Filomela e Procne.[10] Filomela era uma jovem em viagem para visitar sua irmã Procne, recém-casada com Tereu, rei da Trácia. Tereu acompanhou Filomela até a casa dele, mas antes de chegarem ao palácio ele a estuprou brutalmente. Ela gritou aos deuses por socorro, mas ninguém a ouviu. Quando ela ameaçou contar a todo mundo o que ele fizera, ele cortou a língua dela. Trancou Filomela numa cabana e disse à esposa que a irmã tinha morrido na viagem. Enquanto Procne lamentava, Filomela começou a bordar. Durante um ano ela bordou toda a história num tecido e depois o enviou à Procne. Filomela temia que a irmã a considerasse uma rival e se voltasse contra ela, mas a reação de Procne foi de raiva do marido.

Hoje, adulta, estremeço diante da longa descrição do estupro de Filomela por Tereu, em que ela é comparada a

#MeToo / #EuTambém

uma ovelha assustada e a uma pomba manchada de sangue, "pálida, trêmula, e sozinha", e estremeço ainda mais diante do horripilante relato de que Tereu cortou a língua dela com tenazes e picotou a língua que, cortada, ficou se contorcendo e murmurando no chão. Meu ser professoral não pode deixar de observar que Ovídio nos dá pouco entendimento da motivação de Tereu ou, mais amplamente, por que os homens estupram. Ele diz apenas que, tão logo a viu, "Tereu se inflamou, rápido como o grão maduro se queima, ou folhas, ou o trigo no celeiro posto em fogo".[11] É um tema comum nos mitos antigos, que permite aos homens não assumir a responsabilidade por suas ações. Como podem ser responsáveis se ficam excitados tão rapidamente? Ovídio ainda sugere que Tereu se comportou daquela maneira em parte porque era trácio, um toque desagradável de estereotipia étnica.

Mas não foram essas partes da história que me fascinaram na adolescência. Fiquei obcecada com a determinação de Filomela para contar sua história, com o fato da irmã dela ter acreditado, com a vingança brilhante, rebuscada e hedionda de Procne contra o marido estuprador, mesmo a um custo alto para si mesma. As fantasias de vingança nos mitos antigos não são roteiros a ser seguidos, mas são injeções de adrenalina na alma ferida, uma parte essencial do kit de emergência de quem sobrevive a uma agressão sexual.

É um conto sórdido mesmo para os padrões dos mitos antigos. Quando leu a tapeçaria de Filomela e entendeu o que o marido tinha feito, Procne foi socorrer a irmã. Acontece que naquela noite havia um festival em homenagem a Dioniso, o que deu a Procne uma razão legítima para sair de casa. Ela se vestiu de gaze dourada e hera, o traje das bacantes, que era apropriado para seu álibi, mas também um signo nefasto da raiva incontrolável que a queimava por dentro. Após libertar Filomela, Procne planejou uma terrível vingança. Ela e Filomela mataram o filho pequeno de Tereu, Itys, enquanto o menino implorava "Mãe! Mãe!", tentando abraçá-la. As irmãs cortaram o corpo do menino "ainda quente e se contorcendo com vida" (descrição que lembra a língua cortada de Filomela), o cozinharam, e convidaram Tereu para jantar. Tereu "se empanturra com a carne e o sangue de seu sangue", e quando pergunta onde está seu filho, Filomela traz a cabeça de Itys e a atira no rosto de Tereu. Há ecos gritantes de *As Bacantes* aqui, mas, ao contrário de Agave, mãe de Proteu, Procne e Filomela não estão enfeitiçadas. Elas sabem muito bem o que estão fazendo. Lembra também o mito de Medeia, que matou seus filhos para se vingar do marido, Jasão, que a havia abandonado e se casado com outra mulher. As irmãs se assemelham às Fúrias, agentes primordiais da vingança, monstros femininos com cabelos de serpentes e olhos que pingavam sangue. Ovídio é tão extravagante em suas referências a mitos de vingança quanto Procne e Filomela com seu banquete canibal.

Armado de espada, Tereu investe contra as irmãs e enquanto elas fogem, todos os três se transformam em pássaros. Procne se torna um rouxinol, Filomela, uma andorinha, e Tereu, uma poupa ou falcão.[12] Eu pensava que as metamorfoses das mulheres lhes dessem um final feliz qualquer, que finalmente estariam livres, literalmente "livres como pássaros". No entanto, há uma possibilidade mais sinistra, sugerida pelos filmes de terror em que humanos são transformados em animais. Procne e Filomela são aprisionadas em corpos de pássaros, mas com consciência humana, condenadas pelo resto da vida a chorar por Itys (dizem que *itys-itys* é o canto do rouxinol) pelo resto da vida e perseguidas por Tereu, uma ave de rapina.

Homens predatórios ainda silenciam as mulheres. A remoção da língua de Filomela foi o acordo de confidencialidade original.[13] Em sua essência, o mito de Procne e Filomela trata da recusa de uma sobrevivente de estupro a ser silenciada e da capacidade das mulheres para derrotar homens abusivos e poderosos quando se unem para esse fim. Procne poderia ter escolhido tomar o partido do marido, manter seu filho e todas as vantagens sociais de ser rainha. Em vez disso, escolheu apoiar a irmã à custa de sua alta posição. Ela escolheu a raiva.

A engenhosa estratégia de Filomela, ao contar sua história bordando uma tapeçaria, é parte de um fenômeno cultural maior, em que as mulheres se dedicam a bordados e artesanatos como meio de resistência. Remete à *Odisseia*, de Homero, onde encontramos Penélope cercada de pretendentes durante a longa ausência do marido. Ela dá um jeito de evitar se casar, recorrendo a uma famosa artimanha: promete escolher um novo marido quando terminar de tecer um manto, e passa os dias tecendo, mas à noite desfaz secretamente todo o trabalho do dia. E antecipa os tecidos radicais das artistas Tracey Emin, inglesa, e Shada Amer, egípcia-americana, e os gorros cor-de-rosa de gatinho [*pussy hat*] usados na Marcha das Mulheres em 2017, em protesto contra a posse de um presidente que alardeava que as mulheres o deixavam "agarrá-las pela xoxota" [*pussy*].[14] Assim como a tapeçaria de Filomela, os gorros tornaram a agressão sexual visível por meio do artesanato e, embora haja controvérsias, reuniram as mulheres em protesto.[15]

Outros mitos antigos sobre rapto e estupro também focalizam o impacto do crime em outras mulheres, sobre o que fazemos vista grossa. Um mito conta o sequestro de Prosérpina, cujo nome grego é Perséfone, a mocinha filha de Ceres, Deméter na Grécia, deusa da agricultura, raptada por Dis, Hades, deus do mundo subterrâneo. No relato de Ovídio, uma ninfa do lago chamada Ciane tenta impedir o deus de levar Prosérpina. Ciane diz "Você não vai prosseguir; não pode ser genro de Ceres contra a vontade dela. A filha dela deve ser cortejada, e não raptada".[16] Enquanto fala, ela estende os braços para bloquear o caminho do deus. Furioso, Dis dá um golpe que rompe a terra no fundo no lago e abre um caminho para as profundezas, por onde ele desaparece com Prosérpina. Ciane, "lamentando o rapto da deusa e a violação de seu próprio lago, acalenta em seu coração uma ferida inconsolável".[17] Numa metáfora que capta a lenta inervação do pesar, Ciane desfalece e derrete até se dissolver e se tornar água.

Ceres, a mãe de Prosérpina, fica tão enlouquecida de dor que não consegue cuidar da lavoura e o mundo mergulha em fome. Uma parte bem conhecida do mito é que Prosérpina acaba passando seis meses por ano com a mãe, mas menos conhecido é um episódio anterior, quando Ceres, disfarçada de humana, vaga pela terra procurando a filha. Ela havia abandonado toda esperança, incapacitada pelo desespero, quando uma velha chamada Iambe a faz rir de uma piada obscena.[18] Esse momento de afirmação da vida puxa Ceres para fora da dor e a capacita a continuar procurando, e por fim encontra a filha. É outro momento de solidariedade feminina, em que o apoio de uma mulher muda a narrativa do que acontece depois de um estupro.

Até em nosso mundo #MeToo esses mitos ainda podem repercutir, como aconteceu comigo quando os li pela primeira vez. Têm grande percepção da psicologia do trauma, destacam a força das vítimas e suas estratégias de sobrevivência, e dirigem nossa atenção para aspectos da experiência da violência sexual que às vezes são menosprezados. E ainda sinalizam a empatia entre as mulheres e o empoderamento possível através desses momentos de solidariedade aparentemente ínfima: uma piada obscena, a denúncia sussurrada na forma de um pano bordado, a tentativa abnegada de impedir uma violência.

Estou discutindo esses mitos como se tivessem hoje o mesmo significado que tinham na Grécia ou Roma da Antiguidade. Em parte, têm. Esse é o poder do mito. Mas no caso das histórias mitológicas de Ovídio é importante lembrar quando e por que ele escreveu sobre violência sexual. Foi no reinado do imperador Augusto, que impôs rígidas leis morais em Roma. Foi um regime opressivo e autoritário, pelo menos para um escritor subversivo como Ovídio. Há um subtexto em muitas das histórias de Ovídio sobre estupro. O imperador se associava frequentemente aos deuses Júpiter e Apolo. Em estátuas, moedas e em cultos, Augusto realçava sua imagem relacionando-a a eles. A razão disso era apresentar Augusto como poderoso, tendo o imprimátur divino para suas políticas, e assim compartilhando o carisma dos deuses. Entretanto, Ovídio toma a associação entre os deuses e o imperador para revelar um outro lado de Augusto. Em vez de focalizar os aspectos positivos de Júpiter e Apolo, Ovídio os apresenta impondo repetidamente seu poder sobre vítimas relutantes. Por associação, ele sugere que Augusto é autocrático e abusivo. É uma técnica eficaz, que dá a Ovídio uma boa saída. Ele evita criticar diretamente um imperador propenso a exilar seus adversários (e que acabou exilando Ovídio), mas permite aos leitores da época juntar os pontos e fazer a conexão entre Augusto e os deuses estupradores.

Vamos juntar os pontos nos tempos modernos, acelerando o tempo da Roma de Ovídio para a Manhattan de hoje, mais especificamente para o apartamento de cobertura do 45º Presidente dos Estados Unidos, Donald Trump, no 66º andar da Trump Tower, na Quinta Avenida. Fotografias publicadas alguns anos atrás nos deram um raro vislumbre de uma das moradias desse ex-presidente.[19] O interior, opulento, apresenta temas impressionantes da arte e arquitetura clássicas. Dizem que o decorador foi influenciado pelo Palácio de Versalhes.[20] Há colunas coríntias de mármore encimadas com ouro, vasos gregos ou réplicas, estátuas em estilo clássico e murais pintados no teto. Um quadro acima de uma lareira de mármore mostra Apolo com Aurora, a deusa romana do amanhecer. Claramente, não é uma escolha aleatória. Em um teto há outra imagem de Apolo cruzando o céu em sua carruagem de fogo solar. Pelas fotos é difícil saber ao certo, mas parece que nessa pintura Apolo está usando uma coroa de louros. O jornal *Daily Mail*, que publicou as fotos, diz que a decoração sugere que "Trump se vê no molde de Apolo, filho de Zeus e um dos deuses mais poderosos". Pode ser. Mas o que significa *para nós* vê-lo no molde de Apolo?

#MeToo / #EuTambém

Podemos evitar ver associações menos favoráveis entre o presidente que faz piada sobre agarrar mulheres "pela xoxota" e o deus que assediou Daphne?

Em algumas versões do mito de Daphne e Apolo, não é ao pai que ela pede socorro, mas à própria Terra —a terra era personificada como mulher, os gregos a chamam de Gaia, os romanos a conheciam como Tellus Mater, ou Terra Mater, a Mãe Terra. Um dos mais antigos relatos do nascimento e criação do universo, a *Teogonia*, de Hesíodo, escrito entre os séculos VIII e VII a.c., diz que Gaia, de "seio amplo", foi um dos primeiros seres a existir. Ela deu à luz Urano, o Céu, "para ter igualdade com ela" e ser um lugar seguro para os deuses. Gaia se uniu a Urano e tiveram muitos filhos, inclusive a raça de Ciclopes, de um olho só, além do Oceano e de um filho ardiloso, Cronos, o Tempo. Gaia e Urano tiveram também três monstros que tinham cem mãos e eram extraordinariamente fortes e violentos. Urano os odiava e os escondeu em um lugar secreto dentro de Gaia, numa espécie de agressão a Gaia, que sofreu com seus "atos vergonhosos". Para se vingar, Gaia criou uma poderosa foice e incitou os filhos a usá-la contra Urano. Cronos usou a foice para castrar Urano. Logo no comecinho do universo, e dos mitos antigos registrados, a terra era representada como uma mulher, mãe, traída e ferida pelo amante de forma vergonhosa.

Ainda hoje usamos a linguagem da personificação e feminização para representar a Terra e falamos sobre a destruição da Terra em termos de "atentado ao meio ambiente", "violação da Mãe Terra", "despojar florestas virgens".[21] Essas metáforas servem para reforçar o domínio da humanidade sobre a terra e diminuir a importância das preocupações ambientais. Afinal, se as mães são desvalorizadas rotineiramente e as mulheres que foram violentadas são desacreditadas e menosprezadas, então essa linguagem figurativa, por associação, deixa a terra e o ambiente desvalorizados, desacreditados e menosprezados.[22] E se as mulheres são vistas como mais próximas à natureza, são consideradas menos civilizadas, e até menos totalmente humanas do que os homens.

O mito de Daphne ilustra como a associação da mulher à natureza pode rebaixar ambas. Quando Daphne é transformada em árvore, escapa de ser estuprada por Apolo porque a forma de seu corpo torna isso impossível. Mas como árvore ela não era menos objeto para seu uso do que como mulher, ou melhor, ninfa. Depois da metamorfose, Daphne manteve alguma humanidade em seu novo ser. Daphne pediu que sua beleza fosse destruída, mas embora transformada em árvore, segundo a história, sua beleza permaneceu. Apolo abraçou e beijou o tronco e os galhos, "a madeira se encolheu ante seus beijos" e ele sentiu o coração dela ainda batendo sob a casca. O deus disse a Daphne o que havia planejado fazer com ela, que ela estaria para sempre com ele na forma de coroa em seus cabelos, e na madeira em suas flechas e sua lira. Ele lhe disse que através das coroas de folhas de louro os romanos iriam proclamar os triunfos militares do imperador Augusto. Daphne se tornaria um símbolo para celebrar o imperialismo romano e, através do mito da origem da coroa de louro, um símbolo para fundir o imperialismo e as vitórias do homem sobre a mulher, da cultura sobre a natureza. O detalhe final do relato de Ovídio

#MeToo / #EuTambém

dá uma virada cruel. Em reação às palavras de Apolo, "o louro assentiu, lançando novos ramos e pareceu mover a copa como uma cabeça".[23] Daphne é levada a se trair, tornando-se cúmplice de sua própria devastação.

Em outro mito de *Metamorfoses* de Ovídio, a árvore e a ninfa dentro dela se vingam. Esse mito apresenta outro rei descontrolado e é um conto admonitório sobre as consequências da exploração sexual de mulheres e destruição do ambiente. É a história de Erysichthon, rei da Tessália, e se seu nome for muito complicado, pode chamá-lo de Ceifador da Terra. É isso que o nome significa em grego, e é profético. O rei Erysichthon desejava construir um salão de banquete. Para abrir espaço, ordenou que todas as árvores do bosque sagrado de Ceres fossem cortadas. Quando seus homens se recusaram, Erysichthon pegou o machado e cortou a primeira árvore, matando a ninfa que a habitava. Em seu último suspiro, a ninfa o amaldiçoou. Ceres ouviu a maldição da ninfa e colocou o espírito da fome insaciável dentro de Erysichthon. Quanto mais ele comia, mais faminto ficava. Vendeu tudo para comprar comida e depois vendeu a própria filha. O rei comeu tudo o que havia na terra, todos os grãos e animais, e continuava atormentado pela fome. Acabou por devorar a si mesmo, membro a membro.

Mesmo antes do capitalismo, escritores e criadores de mitos reconheciam que a maior ameaça ao bem-estar global não são os pobres desesperados para sobreviver, tampouco os beneficiários da previdência social, os refugiados, os migrantes em busca de melhores condições, e sim ricos desesperados por mais riqueza. O mito de Erysichthon é uma alegoria da mudança climática,[24] e faz uma conexão do abuso do ambiente com o abuso das mulheres.

PRESENÇA DE ANTÍGONA

Ganância, destruição do meio ambiente e prostituir mulheres levam à catástrofe. (*Erysichthon vende sua filha, Mestra*, Jan Havicksz, 1660.)

Quando o rei vende sua filha, Mestra, em sua busca ávida por dinheiro, deveria saber que quem a comprou tinha o direito legal de estuprá-la e prostituí-la, pois ela era propriedade dele. Mestra, porém, era engenhosa; ela viria a se casar com um ladrão chamado Autólico, e eles seriam avós de um herói igualmente esperto, Odisseu. Ela reza ao deus Netuno, pedindo para salvá-la da escravidão, dando a entender que o deus lhe deve um favor porque anteriormente havia "roubado sua virgindade". Em outras palavras, ela apela a seu ex-estuprador para salvá-la do próximo estuprador. Netuno acede e a transforma num pescador, confundindo assim seu dono e permitindo que ela escape. Seu pai, porém, explora a nova capacidade da filha para mudar de forma e continua a vendê-la a "muitos amos", até que o dinheiro ganho com isso é inútil, porque ele já comeu tudo o que existia. No final, ao vender a filha e se consumir por inteiro, o rei destrói seu próprio futuro.

Sabemos que cortar árvores na Floresta Amazônica resulta em vários efeitos cascata. Enfraquece o sistema pluvial, as florestas morrem por falta de chuvas e o suprimento de cidades, como São Paulo, e as lavouras que as abastecem, fica reduzido.[25] Esperemos que nossos políticos não se comportem como o rei Erysichthon, mas certamente nossa esperança é fútil porque o desmatamento na Amazônia está aumentando, e não diminuindo.[26] Os efeitos das mudanças climáticas afetam drasticamente as comunidades em que vivemos. Em dezembro de 2017, um incêndio florestal chamado Thomas Fire deixou os condados de Santa Barbara e Ventura, na Califórnia, em chamas. As mudanças climáticas estão tornando os incêndios florestais mais extremos e desastrosos.[27] Os bombeiros levaram dois meses para extinguir o Thomas Fire, quando o fogo já havia destruído uma área maior que o Estado de Iowa.[28]

Na ocasião, eu não estava em Santa Barbara. Poucos dias antes eu tinha viajado para a Inglaterra, onde minha mãe estava morrendo de câncer no pulmão. Vendo a luta de minha mãe para conseguir respirar, num quarto de hospital cujo teto de poliestireno era baixo demais e as luzes fortes demais, assisti aos vídeos feitos por Athena em nosso apartamento, com uma parede de fogo avançando para a cidade enquanto a cinza caía em silêncio, sem cessar, numa paródia de um white Christmas, um Natal nevado. Minha mãe resistiu por um mês, determinada a chegar até o Natal. Sou grata por ter tido tempo de me despedir dela. Logo que voltei para casa, vi que muitos na nossa vizinhança não tiveram tanta sorte. O fogo havia queimado as árvores, cujas raízes são essenciais para a manutenção do solo. Uma chuva intensa provocou deslizamentos, embora *deslizamento* seja uma palavra muito fraca para o que foi realmente um tsunami de lama, pedregulhos e detritos. O deslizamento matou vinte e sete pessoas, súbita e brutalmente, sem tempo para que parentes e amigos queridos se despedissem.

O ativismo pela justiça social que não der prioridade à emergência da questão climática irá fracassar. Não faz sentido obter equiparação de salários se o local de trabalho for destruído pelo fogo, e não faz sentido lutar pelo direito de nossas filhas terem controle sobre o corpo se o corpo for envenenado por falta de água potável limpa. As soluções práticas específicas que precisamos implementar para evitar o desastre ambiental, se já não for tarde demais, são diversas e complicadas. Mas o ponto de partida é simples, e como os mitos antigos nos recordam, é também onde devemos começar a agir para erradicar a agressão sexual. Comecemos fazendo conexão com pessoas, animais, árvores e o planeta em que todos vivemos, passando a vê-los, não como objetos para nosso uso, mas como seres vivos cujo bem-estar é essencial para nosso desenvolvimento. Só assim podemos garantir que as palavras finais de *Metamorfoses* de Ovídio sejam proféticas para todos nós – para as árvores, as plantas, os animais e para a terra. *Vivam*: eu vou viver.

CAPÍTULO 6

DIANA, A CAÇADORA DE MOTORISTAS DE ÔNIBUS

A DEUSA ROMANA DIANA, QUE OS GREGOS CHAMAVAM DE ÁRTEmis, era protetora de mulheres e meninas. Ela salvou Atalanta quando o pai de Atalanta queria um filho homem — mulher não — e a abandonou recém-nascida num monte para ser comida por animais selvagens ou morrer de fome e frio. E salvou também Aretusa – que, como Diana, estava fadada a permanecer solteira – de ser raptada por Alfeu, deus do rio. E salvou da morte por parto muitas mulheres da Antiguidade, portanto, embora Diana fosse uma deusa virgem, os gregos e romanos acreditavam que ela possuía a função especial de cuidar de mulheres no parto.[1]

O mito nos diz que Diana e seu irmão gêmeo, Apolo, eram nascidos de Júpiter, rei dos deuses, e uma deusa chamada Leto. Quando Juno, mulher de Júpiter, descobriu sua infidelidade com Leto, puniu Leto tornando impossível que ela desse à luz na terra. Leto sofreu um parto longuíssimo e dolorosíssimo (um relato fala que durou nove dias e nove noites, pode imaginar?) até que ela chegou a uma ilha flutuante, sem contato com o fundo do mar. Como tecnicamente não era na terra, Leto finalmente conseguiu dar à luz.[2]

Diana se sentou no colo do pai e pediu permissão para nunca se casar, mas possuir um arco e flecha como armas especiais, vagar pelos montes caçando com suas amigas e ajudar as mulheres no parto.[3] A deusa era representada como caçadora, vestida com túnica e botas, e carregando o arco com um feixe de flechas na aljava. Parecia um pouco com Katniss Everdeen, a heroína de *Jogos Vorazes*, outra protetora de meninas, e que é uma personagem no formato, pelo menos em parte, de Diana.[4] Os homens que se intrometiam no mundo de Diana eram punidos rapidamente, como o caçador Acteon descobriu. Acteon encontrou Diana por acaso, quando ela se banhava nua num lago na floresta. A deusa o transformou em um cervo, e Acteon foi estraçalhado por seus próprios cães de caça.[5]

Em 2013, muitos séculos depois do domínio dos deuses gregos e romanos, surgiu outra Diana, na cidade fronteiriça de Ciudad Juárez, no México. Ela também era protetora de mulheres e meninas, e também mostrou ser fatal para os homens. Ela se apresentava como uma versão da antiga deusa romana. Ela é Diana, a Caçadora de Motoristas de Ônibus.

Essa Diana matava com um revólver, não com arco e flecha. Segundo testemunhas oculares, na manhã de 28 de agosto de 2013, uma mulher entrou no ônibus 718 e atirou no motorista. Ele tentou escapar, mas morreu na calçada. Testemunhas disseram que a assassina era uma mulher de meia-idade com cabelos louros descoloridos, ou talvez uma peruca loura, usando um boné, camisa xadrez e jeans. No

DIANA, A CAÇADORA DE MOTORISTAS DE ÔNIBUS

dia seguinte, ela matou de novo, num ônibus da mesma linha. Dessa vez atirou no motorista enquanto ele descia do ônibus. E disse alguma coisa no ouvido dele – as testemunhas dizem que foi "Vocês acham que são maus de verdade, não é?" – e deu dois tiros na cabeça dele.

Um dia depois, os canais de notícias receberam um e-mail:

> Vocês acham que porque somos mulheres, somos fracas, e pode ser verdade, mas apenas até certo ponto porque, mesmo que não tenhamos ninguém para nos defender e precisemos trabalhar longas horas até tarde da noite para ganhar o sustento de nossa família, não podemos continuar em silêncio diante desses atos que nos enraivecem.
>
> Fomos vítimas de violência sexual por motoristas de ônibus trabalhando no turno da noite para maquilas [fábricas que exportam produtos baratos para os Estados Unidos] aqui em Juárez, e apesar de muita gente saber do que sofremos, ninguém nos defende nem faz coisa alguma para nos proteger. É por isso que sou um instrumento para vingar muitas mulheres. Porque somos vistas como fracas, mas na realidade não somos. Somos valentes. E se não nos respeitam, vamos ganhar esse respeito com nossas próprias mãos. Nós, mulheres de Juárez, somos fortes.

Assinado por Diana, a Caçadora de Motoristas de Ônibus.

A carta é uma explicação, uma defesa, um aviso e uma declaração de guerra. Diana se apresenta como "um instrumento" agindo em nome das mulheres da cidade. Ela fala com a voz coletiva delas. "... ninguém nos defende... não podemos continuar em silêncio... Fomos vítimas de violência sexual... Somos valentes... somos fortes."

PRESENÇA DE ANTÍGONA

Juárez é uma cidade que permanece vibrante e resiliente apesar dos problemas dos cartéis de drogas, dos sofrimentos econômicos exacerbados pela NAFTA e da corrupção da polícia. Dentre os atos criminosos perpetrados na cidade destacam-se a violência sexual com as mulheres, a tortura, o sequestro e assassinato de mulheres. É difícil obter estatísticas precisas, mas a ONG Red Mesa de Mujeres registra que de 1993 até 2017 mais de 1.600 mulheres foram assassinadas na cidade.[6] Os motoristas de ônibus foram acusados de vários estupros e assassinatos de mulheres que voltavam do trabalho nas fábricas (*maquilas*) tarde da noite.[7] É difícil saber ao certo a extensão da culpa deles, pois a polícia obteve algumas confissões sob tortura.[8] Yuri Herrera, um jornalista que investigou os assassinatos cometidos por Diana em 2013, escreveu: "Entre a população em geral há uma noção de que os ônibus são um mau lugar para estar sozinha. Nesta semana mesmo um motorista foi preso por supostamente estuprar uma menina a caminho da escola." Herrera entrevistou uma mulher da cidade, chamada Laura, que lhe disse: "Eu me lembro que quando estava na escola, no ensino médio, ouvia falar muito disso. Minhas amigas falavam que se eu fosse pegar um ônibus daquela linha e não tivesse mais ninguém, eu levasse uma caneta com a ponta apontada para a frente, porque nunca se sabe. Isso vem acontecendo há anos, anos. E é a mesma coisa com as mulheres que trabalham nas maquilas."[9] Para essas mulheres, motorista de ônibus significava estuprador. Ao fazer dos motoristas seu alvo de vingadora, Diana não estava apenas vingando a violência sexual que um motorista de ônibus tinha cometido com ela. Simbolicamente, estava declarando guerra a todos os estupradores da cidade.

DIANA, A CAÇADORA DE MOTORISTAS DE ÔNIBUS

Apesar de uma grande investigação policial, e do caos que se seguiu por algum tempo em que os motoristas de ônibus se recusavam a ir trabalhar, Diana nunca foi apanhada. Ela desapareceu nas sombras.

Diana, a Caçadora de Motoristas de Ônibus modelou sua persona, não a partir da deusa Diana no geral, mas baseada numa estátua específica da deusa romana que era parte da identidade nacional mexicana. Essa estátua, conhecida como *La Diana Cazadora*, é um marco importante na Cidade do México. Está no Paseo de la Reforma, uma das maiores e principais avenidas da cidade. Instalada em 1938, essa Diana de bronze, nua, de pé com um joelho apoiado num montinho de pedras, retesa o arco com uma flecha invisível apontada para o céu.

La Diana fica a pouca distância de outra estátua, o dourado *Anjo da Independência*, que foi encomendado em 1900 para comemorar a Guerra de Independência do México.[10] No alto de uma coluna brilha a estátua dourada de Nice, a deusa grega da vitória, segurando uma coroa de louros e uma corrente quebrada que simboliza a liberdade. Essa era uma imagem comum da liberdade republicana durante o século XIX. Juntas, o *Angel* e *La Diana* são ícones protetores da Cidade do México. *La Diana* é tão icônica que uma cópia dela está no Palácio Nacional da Cidade do México, e réplicas foram colocadas em várias cidades, inclusive Juárez.

A versão em Juárez é mais brilhante que a original. Fica diante de um restaurante chamado La Diana, em frente a um painel espelhado que amplia o brilho da réplica, que é dourada e não em bronze, e a nudez da deusa. A nudez gerou muita controvérsia. Durante vinte e cinco anos *La*

PRESENÇA DE ANTÍGONA

Photo by Helen Morales

Diana, a Caçadora protege a Cidade do México.
(*La Diana Cazadora* sobre uma fonte numa rotatória no Paseo de la Reforma.)

Diana da Cidade do México ficou vestida com uma tanga porque sua nudez supostamente ofendia a primeira-dama e a Igreja Católica. A tanga foi retirada pouco antes das Olimpíadas na Cidade do México em 1968.[11] Outro escândalo ocorreu em 1992, quando se soube que a modelo para a estátua foi uma garota de dezesseis anos, Helvia Martinez Verdayes, que pediu, a bem de sua reputação, que sua identidade fosse mantida em segredo.[12] Mas se recordarmos o mito, o aspecto mais desconcertante da nudez de Diana é que faz de todos nós um Acteon. Assim como Acteon, nos arriscamos a ser punidos se virmos Diana nua.

O escultor de *La Diana*, Juan Olaguíbel, confessou que enquanto realizava a obra hesitou em representar uma figura da Antiguidade Clássica. O título que ele deu à estátua foi

DIANA, A CAÇADORA DE MOTORISTAS DE ÔNIBUS

La Flechadora de la Estrella del Norte, A arqueira da estrela do Norte, uma imagem de aspiração e inspiração de mirar as estrelas. Para Olaguíbel, era importante que a arqueira representasse a beleza mexicana, e não um ideal classicizante (europeu). "Não fiz uma Diana caçadora", ele disse. "É verdade que no princípio essa foi minha intenção, mas resisti à beleza clássica dos gregos e decidi salientar a beleza *créole* de nossas mulheres, e escolhi como símbolo a flecha apontando para o céu. Portanto, minha estátua é *A Arqueira*, e nada mais."[13] O público tinha outras ideias, e chamou-a de *La Diana Cazadora*.

Refleti sobre o significado das estátuas, como surgiu seu significado e a sutil política de protesto enquanto andava sob a sombra da arborizada Alameda Central, o grande parque público na Cidade do México, com minha parceira e filha. Estávamos passando um fim de semana prolongado lá para ver *La Diana* e ter uma noção de seu contexto dentro da arte exposta ao público. A Alameda Central, assim chamada pelos álamos plantados ali, era um santuário frio de manhã, antes da chegada de famílias, praticantes de corrida e turistas. Quando o visitamos havia muitas fontes tristemente secas, com estátuas de figuras da mitologia grega e romana.[14] Vimos Mercúrio, Vênus, Netuno, uma mulher com um cântaro cuja identidade não soubemos na hora, mas que mais tarde nossa pesquisa revelou ser Prosérpina, cuja chegada anuncia a primavera, e duas figuras femininas posicionadas como se estivessem despejando água num grande recipiente com furos. Se a fonte estivesse fun-

PRESENÇA DE ANTÍGONA

Photo by Helen Morales

Punição eterna por matarem os maridos. (*Las Danaides* no Parque Alameda, Cidade do México.)

cionando, a água estaria jorrando através dos furos para um lago embaixo. Não havia placas com os nomes das figuras; a identificação ficava a cargo dos passantes.

Um homem varrendo o chão em torno da fonte nos viu olhando a estátua das duas mulheres despejando água, fez um gesto naquela direção e disse *Las Aguadoras*. Meu espanhol é muito rudimentar para encetar uma conversa, de modo que anotei a palavra, agradeci a ele e continuamos a andar. Eu sabia que a estátua representava duas danaides que, no mito grego e romano, eram as cinquenta filhas de Dânao, príncipe do Egito. Dânao tinha um irmão gêmeo, Egito, que tinha cinquenta filhos. Os gêmeos brigavam incessantemente pelo trono do Egito e por fim Egito, o irmão, ameaçou Dânao para que ele casasse suas filhas com os filhos dele. Zangado e com medo, Dânao fugiu com as filhas para a Grécia, perseguido pelos cinquenta filhos de Egito. Uma vez na Grécia, Dânao pareceu mudar de ideia, mas, em segredo, deu uma faca para cada uma das filhas e ordenou-lhes que, na noite do casamento coletivo, matassem os maridos. Quarenta e nove filhas obedeceram, mas uma, Hipermestra, ou porque se apaixonou pelo marido, Linceu, ou porque o marido respeitou seu desejo de não ter sexo com ele (as versões diferem[15]), o poupou e o ajudou a escapar.

Essa história é sobre controle patriarcal. No mundo antigo, as mulheres deviam obedecer ao pai. Depois de casadas, deviam obedecer ao marido. Na vida após a morte, as quarenta e nove irmãs foram punidas por terem assassinado os maridos, mesmo tendo sido casadas por menos de um dia, e contra a vontade. Sua punição foi ficar despejando água eternamente num vaso furado. Assim como Sísifo, condenado a empurrar um pedregulho montanha acima mesmo sabendo que a pedra rolaria todas as vezes que ele chegasse ao topo, as danaides são uma imagem forte do castigo sem fim. E nos lembram da impossibilidade de perdão para quem viola as regras patriarcais, ainda que essas regras pareçam contraditórias e injustas.

A fonte das Danaides no Parque Alameda contém um aviso: veja o que acontece com as mulheres que desobedecem aos maridos. Há algo de poderoso, portanto, no enfraquecimento do significado mitológico e no fato de que o público em geral, como o homem varrendo o parque, agora as conhece simplesmente como *Las Aguadoras*. A misoginia da representação original das duas mulheres tornou-se impotente pela mudança da memória cultural. Significado enfraquecido pode ser uma forma de resistência. Pensei de novo em *La Diana*, cujo artista decidiu chamar de *A Arqueira*, e o público lhe deu outro nome. No caso de *La Diana*, o significado da estátua mudou de uma identificação mais genérica para uma específica, da mitologia romana. Para *Las Aguadoras*, a mudança tomou a direção oposta, de uma identificação específica (usada hoje apenas nos guias turísticos) para outra mais genérica. O processo de renomear, que envolve não só uma mudança do nome, mas também a recondução, ou a supressão, de uma narrativa mitológica e a política de gênero dessa narrativa, é difícil de rastrear. Não há uma fonte ou um estímulo óbvio. Vem através da fala do cotidiano, através da mídia e do meio social. Provavelmente, não é intencional. Os outros exemplos de protesto que apresentei neste livro foram deliberados, orientados e planejados por indivíduos. Mas nem toda forma de protesto é. A memória coletiva muda, e essas mudanças podem ser uma forma de resistência cultural.

Diana, ou como os gregos a chamam, Ártemis, voltou à moda no feminismo da Nova Era e na cultura popular. Essas Dianas vão desde versões mais brandas até avatares poderosos.

Jean Shinoda Bolen, psiquiatra junguiana e autora do clássico *Godesses in Everywoman* [As deusas e a mulher], lançado em 1985, publicou *Artemis: The Indomitable Spirit in Everywoman* [Ártemis: A personificação arquetípica do espírito feminino independente] (2014), no qual argumenta que Ártemis é o arquétipo da mulher e da menina corajosa, aquela que persevera e sobrevive. Como Gloria Steinem exalta na contracapa, "Ártemis é o arquétipo ou deusa que nos inspira a ser ativistas no mundo". Jean Shinoda Bolen compara os traços da deusa às histórias e vidas de mulheres fortes, reais e fictícias. O que temos é Diana diluída, uma deusa que representa qualquer mulher que possa ser descrita como arrojada e corajosa, como Cheryl Strayed, Diana Nyad, Sheryl Sandberg, Elizabeth Smart, Malala Yousafzai, Eve Ensler, Katniss Everdeen, heroína da trilogia de *Jogos Vorazes*, que aparentemente encarna a mesma independência e coragem de Lisbeth Salander da série *Os Homens que Não Amavam as Mulheres*, de Stieg Larsson, e da Anastasia Steele dos livros *Cinquenta Tons de Cinza* de E. L. James. *Puta merda!*, como Lisbeth Salander jamais diria.

Outro romance, escrito por Martha Beck, *coach* de desenvolvimento pessoal que escreve para a revista O *Magazine*, de Oprah Winfrey, foi publicado em 2016. *Diana, Herself: An Allegory of Awakening* [Diana, Ela Mesma: Uma Alegoria do Despertar] é sobre uma mãe solteira batalhadora chamada Diana Archer (as alegorias não são sutis), que descobre a si mesma quando faz uma viagem por uma região selvagem, aprende a usar arco e flecha e também a prestar atenção em sua intuição e no mundo. Beck tem um jeito de captar o sério através do absurdo (a figura do guru no livro é um urso falante), e *Diana, Herself* é uma parábola de iluminação que lança mão de temas e qualidades da deusa. No coração do conto mágico, porém, há um núcleo de sabedoria mais subversiva. A libertação vem somente – para ela e para a terra – quando Diana destrói o patriarcado. (Não vou dizer como, mas se você nunca simpatizou com artistas de televisão sobreviventes, esse livro é perfeito para você.)

Em seu livro *Hunting Girls: Sexual Violence from* The Hunger Games *to Campus Rape* (2016) [Garotas Caçadoras: Violência Sexual de Jogos Vorazes a Estupro no Campus], Kelly Oliver discute uma nova tendência na cultura popular para representar garotas como caçadoras, por exemplo Katniss Everdeen, Bella Swan (*Crepúsculo*), Tris Prior (*Divergente*) e Hanna (*Hanna*). Ela argumenta que essa tendência é uma reação a um aumento da violência com garotas e mulheres: "Novos mitos da figura de Ártemis defendendo sua virtude da violência por toda parte podem ser interpretados como fantasias compensatórias para garotas e mulheres submetidas a violência, especialmente violência sexual, no cotidiano delas."[16]

Essas novas figuras de Ártemis, porém, não chegam a fazer o que a heroína valentona da vida real, Diana, a Caçadora de Motoristas de Ônibus faz: decretar vingança. O feminismo corporativizado não tem tempo para vingança. Vingança tem maior visibilidade como um produto do estilo de vida do que como uma questão na teoria feminista. Você pode pintar as unhas com o esmalte Sweet Revenge, Doce Vingança, da NCLA Beauty, retaliar contra o próprio rosto usando Wrinkle Revenge, Vingança das Rugas (o "máximo em sérum hialurônico"), meter um batom Revenge, Vingança, de Yves Saint Laurent, e arrematar com o programa de TV Revenge Body, Vingança do Corpo, de Khloé Kardashian. Todos podem ser bem provocantes e você nem vai entrar em questões éticas, perguntando se a vingança é aceitável ou mesmo necessária nas circunstâncias em que homens estupram mulheres com impunidade e não há Benson e Stabler do Law and Order para impedir.

O texto feminista contemporâneo está interessado em raiva, e nem tanto em vingança.[17] Para isso temos que voltar à obra de Andrea Dworkin, que explora a moralidade da vingança em seu romance *Mercy* [Misericórdia]. É um relato angustiante das experiências de abuso sexual e estupro, muitas das quais remetem à própria história de Dworkin, relatada em suas memórias *Heartbreak* [Coração Partido]. A protagonista de *Mercy* se chama Andrea. A Andrea fictícia se torna um anjo da vingança "com contas a acertar".[18] (*Mercy* está esgotado, como muitas obras de Dworkin. É um meio seguro de silenciá-la. Comprei o meu num sebo em Berkeley. Na página título há uma dedicatória manuscrita pela autora: "Para Bruce, com esperança, Andrea Dworkin". Com *esperança*.

Dworkin tem má fama, mesmo (ou especialmente) entre as feministas, e sua obra é frequentemente rejeitada ou distorcida.[19] Mas *Mercy* é importante porque levanta as questões de qual é a diferença entre matar por vingança e o que hoje é chamado sobrevivência criminalizada, "sobrevivência" porque matar é a única maneira que a mulher vê de sobreviver em circunstâncias abusivas e perigosas, e "criminalizada" porque é improvável que a lei a proteja mesmo quando ela mata em legítima defesa.

A lei não protegeu Cyntoia Brown. Ele foi condenada à prisão perpétua por matar um homem de quarenta e três anos, Johnny Allen, que havia pago 150 dólares para estuprá-la quando ela estava sendo prostituída em Nashville, Tennessee, aos dezesseis anos. No encontro, temendo por sua vida, ela o matou com um tiro. Seu caso foi reaberto em 2018 e ela foi solta, mas outras mulheres ainda estão encarceradas, mesmo tendo matado homens abusivos em legítima defesa.[20] *Mercy* pergunta também se, em contextos em que as mulheres são alvo fácil, é razoável, ou talvez necessário, que matem preventivamente, quer elas saibam com certeza ou não que os homens específicos que elas têm em mira agrediram mulheres. Essas questões sobre vingança e sobrevivência levantadas por *Mercy* são as mesmas questões levantadas pelas ações de Diana, a Caçadora de Motoristas de Ônibus.

São questões que nos remetem ao mito de Filomela e Procne. A vingança das irmãs contra Tereu, ao matar seu filho e servi-lo no jantar, as faz tão monstruosas quanto o abusador. A vigilante que matou a tiros dois motoristas de ônibus em Juárez, em 2013, inscreveu seus crimes no mito e, como um super-herói, trouxe à vida um dos símbolos nacionais do México, a deusa Diana. Mas isso é parte do resistente jogo do patriarcado, de que o único recurso para as mulheres, em situações em que estão desamparadas, é a violência.

As mulheres de Juárez, e mulheres em todo o mundo, não querem se vingar, não mais que Procne e Filomela queriam. Elas querem é poder confiar nos deuses modernos – a polícia, o tribunal e a mídia – para ter justiça.

CAPÍTULO 7

BΣYΘNCΣ, DEUSA

Não acredito que conseguimos.
— The Carters, "APESHIT"

A chave do trabalho para mudar o mundo é mudar a história.
— Rebecca Solnit, *Call Them by Their True Names*

Afrodite, a deusa grega do amor, nasceu do mar. Mais precisamente, nasceu dos genitais castrados do deus primordial do céu, Urano, cujo filho mais novo, Cronos, num audacioso e bem-sucedido golpe pelo poder, atacou o pai, cortou seus genitais em fatias e as jogou no mar da costa de Chipre. As partes cortadas flutuaram por algum tempo, uma espuma branca se formou em volta delas, e da espuma emergiu a deusa Afrodite, "uma divindade maravilhosa, linda".[1] (Em grego, *afros* significa espuma.)

Representações visuais de Afrodite e de sua contraparte romana, Vênus, tendem a deixar de fora o detalhe dos testículos espumantes e se concentrar em emergindo-lindamente-do-mar. Vejamos o *Nascimento de Vênus*, pintado pelo artista italiano Sandro Botticelli por volta de meados de 1480. A deusa está de pé numa concha gigantesca, flanqueada pelo deus do vento, Zéfiro e damas de honra, que são provavelmente ninfas ou personificações das estações do ano. Flores caem flutuando do céu. A íntima ligação entre o erótico e o violento está ausente no quadro de Botticelli, que oferece prazeres mais suaves e gentis.[2]

Afrodite-Vênus era, e ainda é, um ícone do fascínio feminino. Estátuas da deusa em várias poses se tornaram parte essencial de nosso vocabulário estético. A primeira estátua de uma Afrodite nua gerou um escândalo quando foi exibida em algum momento do século IV a.C. Diz a lenda que Praxíteles, um artista notório por transpassar fronteiras, fez duas estátuas da deusa, uma nua e outra vestida. Ofereceu à cidade de Cos para que escolhessem uma das duas, escolheram a vestida, e ele doou a nua à cidade de Cnido, onde foi colocada no templo. A Afrodite cnidiana tornou-se imediatamente uma atração turística e causou histórias apimentadas, inclusive uma em que um jovem se sentiu tão atraído pela estátua que permaneceu no templo depois de fechado à noite e tentou fazer sexo com ela, deixando uma marca indelével no mármore.[3] A Vênus de Botticelli, com as mãos cobrindo a nudez, e portanto atraindo a atenção para ela, imita a pose da Afrodite de Cnido. A Vênus Calipígia, Vênus das Belas Nádegas, olha por cima do ombro enquanto expõe o traseiro, como se estivesse tirando uma "belfie". E a notoriamente fragmentada Vênus de Milo, talvez a mais imitada e adaptada de todas as imagens de uma figura do mito clássico, tornou-se um sinônimo de beleza feminina.[4]

Mas a relação entre Vênus e a beleza das mulheres tem histórias diferentes para mulheres brancas e mulheres negras. Comecei este livro lembrando que a cultura pertence a *nós*, mas esse "nós" nem sempre foi tão abrangente quanto deveria. A mitologia clássica tem sido usada para marcar nossa cultura com ainda mais racismo, mas também, nas mãos de artistas criativos negros, para desafiar e subverter essa cultura.

Lendas como Rita Hayworth e Joan Crawford, e estrelas pop como Madonna, Kylie Minogue e Lady Gaga já se representaram como Vênus usando a iconografia da deusa antiga. Vênus é uma abreviatura de ser bela, ser colocada num pedestal e assumir seu lugar numa ilustre linhagem de estrelas, tanto que ser fotografada em frente à Vênus de Milo ou se vestir como a deusa tornou-se uma espécie de clichê de celebridades. Isso é verdade para as estrelas negras também, embora em menor extensão. Lena Horne era conhecida como "a Vênus de bronze", e estrelou um filme com esse nome, e Josephine Baker era chamada "a Vênus de ébano" e "a Vênus negra". Os qualificativos *bronze*, *ébano* e *negra* sugerem que, sem eles, devemos supor que a Vênus é branca. Mas para as mulheres negras, o legado de Sarah Baartman, também chamada Saartjie Baartman, que recebeu o epíteto de "Vênus Hotentote", lança uma sombra sobre isso.

Baartman era provavelmente uma escrava, ou serva, na Cidade do Cabo, África do Sul. Pertencente ao povo khoi-khoi, antes conhecido como hotentote, Baartman foi levada para a Inglaterra por um mercador holandês em 1810, onde foi exibida em Londres como uma curiosidade exótica, com o nome de Vênus Hotentote. Segundo um espectador de um dos shows, Baartman era "exibida num tablado de sessenta centímetros de altura, ao longo do qual era levada por seu dono e exibida como um animal selvagem, sendo obrigada a andar, parar, sentar, conforme ele ordenava".[5] Uma gravura publicada em 1811 mostra Sarah Baartman seminua, com um Cupido cavalgando seu traseiro protuberante e as palavras *Amor e Beleza – Sartjee a Vênus Hotentote*. Quando a exibição de Baartman causou consternação entre abolicionistas (o tráfico de escravos foi abolido na Inglaterra em 1807), seu dono a levou para a França, onde continuou a exibição até a morte dela, em 1815. Mas mesmo após sua morte, Sarah Baartman foi degradada e exibida publicamente. Seu corpo foi dissecado para provar que ela estava abaixo na escala da civilização. Seus lábios genitais foram preservados num jarro com formol e exibidos para o público juntamente com seu esqueleto e uma cópia dela em gesso, de perfil, para enfatizar suas nádegas, no Musée de l'Homme, em Paris, até 1974. Como diz a escritora Sherronda J. Brown, "A história de Sarah Baartman é fundante do desdém e fascinação simultâneos com o corpo de mulheres negras".[6]

Vinte e um anos antes da morte precoce de Sara Baartman, uma Vênus negra fictícia apareceu numa estampa de um livro. Essa ilustração apresenta uma mulher negra em pose semelhante à da Vênus de Botticelli. Ela está de pé sobre uma concha, empurrada pelo mar por golfinhos e acompanhada por Netuno, deus do mar, que é representado como um homem branco, carregando não um tridente, mas a bandeira da Inglaterra. A estampa, chamada *A Viagem da Vênus Zibelina, de Angola para as Índias Ocidentais*, foi feita por William Grainger para ilustrar o poema "A Vênus Zibelina. Uma Ode" (1793) de Isaac Teale.[7] O poema, segundo um editor atual, é "uma obra horrível".[8]

ΒΣΥΘNCΣ, DEUSA

Superficialmente, o poeta se dispõe a enaltecer "a Vênus zibelina" comparando-a, elogiosamente, à Vênus europeia. A Vênus zibelina é superior, exceto no escuro, quando as duas Vênus são igualmente prazerosas, ele diz. Mas a Vênus negra, zibelina, e por extensão as mulheres negras, acabam por provocar mais a luxúria vil do que desejos nobres. Ela é enaltecida, ou seja, desvalorizada, por ser mais sexualmente disponível do que sua contraparte europeia, e seduz Netuno, numa inversão das relações de poder típicas na mitologia, em que os deuses estupram as mulheres mortais, e na vida real, onde o homem estupra a mulher escravizada; uma inversão que tanto obscurece como fornece uma justificativa perversa para a escravidão. Na parte final do poema, o foco muda da deusa para as mulheres reais, em cuja beleza o poeta vê sinais da deusa, e a quem ele irá buscar.[9] O poema e a imagem são propaganda do tráfico de escravos e reforçam, de um modo tímido, consciente e sofisticado, a supremacia branca.

Quando o racismo se apoia numa estrutura cultural tão durável quanto a mitologia clássica, pode ser ainda mais difícil para desmantelar. Muitas pessoas brancas ainda têm um forte investimento emocional em personagens mitológicos retratados como brancos, e não negros. Em 2018, houve uma gritaria quando a BBC elencou atores negros para os papéis de Zeus e dos heróis Aquiles, Pátroclo e Eneias na adaptação para televisão da *Ilíada*, de Homero, chamada *Troia, a queda de uma cidade*.[10] Isso é tão ridículo e racista quanto o alarde, um ano depois, quando uma empresa de propriedade da Disney anunciou a contratação de uma atriz negra, Halle Bailey, para interpretar Ariel num filme live-action de *A pequena sereia*. Mas isso mostra quão possessivas as pessoas brancas podem ser com personagens míticos. Há um desejo de se verem refletidas neles.

É preciso um fenômeno cultural para reescrever um roteiro cultural. O que nos leva a Beyoncé Knowles-Carter, talvez a mais importante, criativa e influente artista da música popular do século XXI. Quando Beyoncé se lançou como Vênus numa série de fotos publicada em sua conta no Instagram para anunciar sua gravidez em 2017, foi uma intervenção cultural que colocou a condição de mulher negra no centro da iconografia da beleza grega e romana.[11] Ela desafiou a tradição artística ocidental e deu um poderoso corretivo no legado das Vênus negras que haviam sido usadas para depreciar mulheres negras.

Em uma das fotos, Beyoncé está recostada num divã, rodeada de flores, com a mão direita sob a cabeça e a esquerda sobre a barriga, imitando a pose da Vênus Adormecida, um quadro atribuído ao pintor renascentista Giorgione. Em outra, ela posa como no Nascimento de Vênus, de Botticelli, com cabelos ao vento e flores caindo, embora na foto as flores estejam pintadas em suas coxas. Em vez da concha de Botticelli, Beyoncé está em pé sobre luxuriosas plantas verdes, e em vez de Netuno quem a acompanha é Nefertiti, a rainha egípcia. Em outras, ela flutua sob a água, etérea, em outro mundo, banhada de luz e envolta em panos amarelos e de outras cores.[12]

A imagem das fotos sob a água traz Beyoncé como Oxum, a orixá iorubá das águas correntes, ligada a fertilidade, beleza c amor, que dá seu nome ao rio Osun, na Nigéria, e como Iemanjá, a deusa iorubá do oceano, mãe de todos os orixás e protetora das grávidas.

Parte do brilho das fotos de Beyoncé é que ela representa Vênus enquanto mãe. Na verdade, a deusa antiga teve filhos, notadamente o herói Eneias, considerado fundador de Roma, e era venerada como Venus Genetrix, em seu aspecto de mãe, mas pouco da arte não antiga a retrata nesse papel, e tampouco outras estrelas pop estavam obviamente grávidas ao representar a deusa. Grávida, e incluindo sua primeira filha, Blue Ivy, em algumas fotos, Beyoncé escapa à cilada comum para as deusas negras, o aviltamento e a hipersexualização.

Ao fazer Vênus compartilhar o trono com deidades africanas, Beyoncé muda a história de como as figuras da mitologia são valorizadas, e aponta quais referências culturais e mitológicas são importantes. Ela fez algo similar quando se vestiu como a rainha egípcia Nefertiti na sua apresentação no festival californiano Coachella, em 2018, e como a rainha Amanishakheto, uma guerreira núbia de Meroé, onde é hoje o Sudão, no Wearable Art Gala em 2018. Em sua extraordinária performance na cerimônia do Grammy Awards em 2017, Beyoncé muda a personificação de deusa para deusa, ícone para ícone. Ela é Oxum envolta em echarpes amarelas, Vênus em guirlandas de flores, e Maria, mãe de Jesus.

Em 1979, a poeta feminista afro-americana e ativista de direitos humanos Audre Lorde escreveu uma carta para a teóloga feminista americana branca Mary Daly, chamando Daly às falas por ter escrito um livro (*Gyn/Ecology: The Metaethics of Radical Feminism*, [Gin/Ecologia: a Metaética do

Getty Images / Kevin Winter

Beyoncé é muitas deusas: aqui como Oxum e Vênus, e como Maria, mãe de Jesus. (Numa performance no Grammy Awards de 2017.)

Feminismo Radical], 1978) sobre deusas e poder feminino apresentando somente mulheres e deusas europeias ocidentais, exceto quando considerava africanas como vítimas, na discussão sobre mutilação genital:[13] "Então pensei, por que Mary não toma Afreketê como exemplo? Por que todas as suas imagens de deusas são brancas, europeias, judaico-cristãs? Onde estavam Afreketê, Iemanjá, Oyá e Mawu-Lissa?... Senti minha história e minha origem mítica distorcidas pela ausência de quaisquer imagens de minhas antepassadas em poder."

É como se Beyoncé, uma geração depois, tenha a mesma discussão utilizando a cultura popular, como Lorde teve com Daly. É uma discussão que vai ao cerne da contínua guerra cultural sobre a mitologia clássica e, mais amplamente, a Antiguidade Clássica, na academia e nas ruas.

É uma parte importante das identidades nacionais europeia e americana, e para a construção do "Ocidente", serem herdeiras (em uma versão idealizada) da Grécia e da Roma antigas. Uma versão extrema dessa tradição inventada é vista no modo que os grupos fascistas invadem a Antiguidade Clássica, como o Partido Nazista fez em 1940, para criar uma tradição de supremacia branca europeia. O Movimento de Identidade Americana, antes Identidade Europa, é uma organização nacionalista branca que esteve envolvida no planejamento da manifestação Unite the Right de 2017, em Charlottesville, na Virginia, em que a ativista Heather Heyer foi morta. O objetivo era construir "solidariedade e identidade europeia", por meio da ênfase do que alegam ser a herança europeia não semita da América. Os cartazes colocados para recrutar estudantes em campus universitários têm o nome do grupo sobre fotos de estátuas gregas e romanas, fazendo uma associação implícita entre mármore branco e supremacia branca, e entre identidade americana e Grécia e Roma da Antiguidade.[14]

Comunidades "red pill" online – uma variedade de homens anônimos e raivosos que se veem como vítimas de mulheres e pessoas não brancas – se apropriam de escritores e de ideias da Antiguidade Clássica para dar a suas ideias misóginas e racistas uma validação intelectual, como mostra Donna Zuckerberg em seu livro *Not All Dead White Men* [Nem Todos os Homens Brancos Mortos].[15] Menos extrema, mas talvez mais perniciosa, é a ideia de que a Antiguidade Clássica, especialmente Atenas, foi excepcionalmente avançada e culta, e a fundação da civilização ocidental, uma frase que está se tornando rapidamente um código da superioridade branca, euro-americana, quer a usemos com essa intenção, quer não.[16]

A série da National Geographic *The Greeks: Crucible of Civilization*, lançada na rede de televisão educativo-cultural

PBS em 2016, promove essa ideia de "milagre grego": "Era um povo extraordinário, nascido da pedra branca e do mar azul. Muito simplesmente, os gregos criaram nosso mundo. Descubra a história da origem da civilização ocidental, quando os gregos antigos se elevaram do nada e mudaram tudo." "A história dos gregos", dizem em tom magistral sobre o som crescente de uma orquestra, "é a história de nós." A noção de que os gregos se elevaram "do nada" não pode ser verdade. Sabemos que eles tiveram um contato considerável com os antigos egípcios e os fenícios (que desenvolveram o primeiro alfabeto). Essa noção tem origem nos mitos antigos atenienses, que representavam o povo de Atenas como autóctones, um povo que havia brotado da própria terra ateniense, assim do nada, em contraste com as tribos nômades estrangeiras que vinham de toda parte.[17]

É importante reconhecer que os gregos e romanos antigos nos deixaram uma herança rica e influente de mitologia, filosofia, arquitetura, teatro e política. Não precisamos esconder os aspectos destrutivos desses legados, nem precisamos usar a Antiguidade perpetuando mitos de superioridade europeia e ocidental, para apreciar o valor de Grécia e Roma.

Em suma, como diz maliciosamente a artista Kara Walker em um criativo ensaio que trucida o racismo na história austríaca, os europeus brancos "recorrem frequentemente a temas da Antiguidade Clássica para descrever a enormidade de Si Mesmos para o Resto da Humanidade".[18] É nesse contexto que Beyoncé, através de sua persona cuidadosamente produzida, diz "Boy Bye" a todos e insiste em centralizar a história e os mitos africanos mudando a valência e o valor dos mitos gregos e romanos. Ao tornar visíveis suas "antepassadas no poder", ela torna visível o passado e energiza o futuro das mulheres negras.

Alguns de nossos encontros mais memoráveis com os mitos gregos e romanos acontecem em museus, onde estátuas antigas, frontões e pinturas em vasos concorrem com quadros europeus mais recentes para contar suas histórias. Mas os museus não são espaços de exposição descomplicados. Enfrentando repetidas acusações de roubos, aquisições e exposições antiéticas de objetos e apropriação cultural, os museus estão em primeiro plano na questão de a quem pertence a cultura. (Os restos de Sarah Baartman só foram devolvidos pelo Musée de l'Homme à guarda da África do Sul em 2002.) Os museus não expõem a cultura apenas; eles a criam. Os curadores têm uma posição privilegiada para decidir o que incluir e o que excluir, e quais artistas e mitos têm importância.

A situação é triste. O Museu do Louvre, em Paris, por exemplo, abriga aproximadamente seis mil quadros, mas somente vinte e uma artistas têm obras na coleção, e nenhuma é identificada como negra.[19] Há uns poucos quadros e estátuas apresentando pessoas negras que não são escravas. A maioria da arte da África, da Ásia, da Oceania e das Américas fica num museu separado, o Musée du Quai Branly. Apenas uma pequena coleção é exposta no Pavillon des Sessions da ala Denon do Louvre. Antes um palácio real, com uma coleção de arte particular, o Louvre foi transformado em um espaço livre nacional em 1783. Sua planta foi desenhada para indicar que a França era a herdeira legítima das tradições do Egito, Grécia e Roma da Antiguidade, e da Renascença italiana. O visitante passa por essas galerias com o tour culminando na pintura acadêmica francesa. Muitas das obras-primas foram butim de guerra, saqueadas por Napoleão Bonaparte. Coroado Imperador da França em 1804, Napoleão trouxe objetos de suas campanhas militares, proclamando a França e suas vitórias coloniais uma Nova Roma.

Então já era tempo de ficar APESHIT.

APESHIT foi o que aconteceu quando Beyoncé e Jay-Z tomaram o Louvre.

Foi o primeiro vídeo musical do álbum *Everything is Love* dos The Carters (Beyoncé e Jay-Z).[20] Filmado dentro do Louvre em maio de 2018, são seis minutos de emoção cujas imagens deslumbrantes e justaposições contrastando o antigo e o moderno levam a refletir sobre raça, arte e resistência. O vídeo critica a exclusão de pessoas negras e sua arte no Louvre, mas vai além ao reimaginar o espaço e as coleções de modo a criar novos ícones, perspectivas e prioridades. Age como uma espécie de restauração da criação dos mitos.

A canção tem dois refrãos: "Não acredito que conseguimos", e "Já viu uma multidão ficar enlouquecida?" Eles tomam diferentes nuances do significado em diferentes momentos do vídeo. Alguns salientam os temas de apropriação cultural e de protesto.

Protesto envolve ocupar o espaço. Nos Estados Unidos, os negros não podem frequentar espaços públicos sem o risco de brancos chamarem a polícia dando queixa de atividades inteiramente inócuas. Por exemplo: estar almoçando quieto no campus da universidade, ficar parado à toa numa lanchonete, nadando com a família na piscina de sua comunidade, se abrigando da chuva numa portaria qualquer à espera de uma carona, fazendo churrasco no parque, ou uma criança de oito anos vendendo garrafinhas de água em frente à sua casa. Para os negros, os espaços públicos são muito perigosos.

É o espaço pouco hospitaleiro do Louvre que Beyoncé, Jay-Z e seus dançarinos, homens e mulheres, todos negros, invadem ("Não acredito que conseguimos"). É nesse espaço que eles cantam, fazem rap e dançam, com poucos momentos de silêncio, exceto por um sino a distância e o ruído abafado do trânsito, captando o sossego típico de museu, antes da música começar. É nesse espaço que Beyoncé dança em formação com seu grupo vestindo collants de várias cores de pele, diante de *A consagração do imperador Napoleão* e *A coroação da Imperatriz Josefina*, de Jacques-Louis David, estrategicamente posicionada na coreografia de modo que Napoleão a está coroando, em vez de coroar Josefina: uma *créole* substituindo a outra, e Beyoncé e Jay-Z se tornam a nova realeza do Louvre.[21] É nesse espaço que os dançarinos substituem estátuas, rodopiam em pedestais, sua energia dinâmica justaposta à imobilidade das figuras de mármore. É pura alegria nos contrastes entre os corpos brancos nas paredes e os corpos negros diante deles, entre o poderoso movimento dos dançarinos e a quietude das obras de arte, entre o silêncio reverencioso do museu e o som exuberante da música.

No começo do vídeo estão Beyoncé e Jay-Z em exóticas roupas rosa e turquesa, de pé em frente à *Mona Lisa*. Aqui, e no decorrer de todo o vídeo, as figuras humanas em primeiro plano são hipnotizantes, compelindo o olhar de um modo que faz dos quadros nas molduras meros cenários para a verdadeira arte.[22] Quando Beyoncé dança euforicamente em frente à Vitória de Samotrácia, a grande estátua alada, a Vitória personificada (a deusa Nice, ou Niké, vitória em grego, daí o nome da famosa marca de tênis), agitando as faixas da túnica de tecido branco e cinza, ela é Nice rediviva. Beyoncé e Jay-Z que se tornam as obras de arte, as figuras míticas, os Brand New Ancients [Os antigos novos em folha].[23]

Quando Beyoncé dança como Nice de Samotrácia, e quando para em frente à Vênus de Milo com o corpo imitando a pose em forma de S, mas contrastando com a amputação desamparada da estátua, a justaposição de seu corpo negro com o mármore branco desafia suposições arraigadas sobre brancura, Antiguidade e beleza. Estátuas gregas e romanas de mármore branco foram romantizadas desde o século XVI na imaginação popular, e sua brancura se fundiu com a cor da pele branca. A "pele" branca do mármore ficou equiparada à beleza, mas na verdade as estátuas de mármore eram originalmente pintadas em cores fortes e vibrantes, vermelho, verde, amarelo, marrom, branco, preto e dourado. Eram policromadas. Nas devastações do correr do tempo, as cores foram se desgastando, mas os avanços da tecnologia moderna permitem detectar vestígios da pintura, e podemos reconstruir a aparência de algumas estátuas quando foram vistas pela primeira vez. Confesso que, ao ver uma dessas reconstruções, achei chocante. Minha crença na beleza do mármore branco era tão profunda que a policromia das estátuas antigas parecia escandalosa e, para ser franca, um pouco cafona.

A policromia das estátuas antigas incomodou as pessoas tanto esteticamente como politicamente. Quando a historiadora Sarah Bond escreveu que essas estátuas não eram nada brancas, tanto no sentido de que eram pintadas como no sentido de que não retratavam apenas pessoas brancas (uma categoria que gregos e romanos não teriam entendido, pois dividiam as pessoas por sua denominação étnica: celtas, etíopes, gregos, e por aí vai, e não por raça em termos de hoje), ela foi recebida com indignação e agressividade. A classicista Mary Beard teve uma resposta semelhante quando afirmou que a Roma antiga era uma sociedade multicultural (nos termos de hoje) e multirracial. "A brancura é uma metáfora do poder", disse James Baldwin, e muitos não querem renunciar ao poder ou renunciar à brancura das estátuas antigas. A incorporação de Beyoncé na Nice de Samotrácia e na Vênus de Milo é uma intervenção visual nessa controvérsia, uma destituição bela e artística das velhas mentiras que misturam a brancura do mármore com a beleza ideal.

Quando Jay-Z e Beyoncé flanqueiam e fazem rap em frente à Grande Esfinge de Tanis, a monumental figura egípcia com corpo de leão e cabeça de rei, datada supostamente do Reino Antigo, por volta de 2600 a.C., as imagens têm ressonâncias políticas e artísticas. O Louvre exibe antiguidades egípcias junto a coleções gregas e romanas, como parte da arte "europeia". Ao fazer isso, o Louvre reivindica a arte egípcia como parte do legado da cultura francesa e a exclui das coleções de arte africana. O refrão da música assume um significado específico quando Beyoncé e Jay-Z cantam diante da Esfinge. "Não acredito que conseguimos" se torna específico e possessivo, dando o crédito à Esfinge de monumento criado por africanos e pertencente a eles e a seus descendentes.[24]

* * *

PRESENÇA DE ANTÍGONA

"**APESHIT**" altera repetidamente nossas perspectivas de raça através de seu reenquadramento da arte: trocando o cenário pelo primeiro plano, quando a *Mona Lisa* e *A Coroação da Imperatriz Josefina* formam o cenário dos The Carters e dos dançarinos em frente a eles, e trazendo o foco para os detalhes dos quadros, fazendo os detalhes encherem a tela como obras de arte em seu pleno direito. Essa técnica é mais impactante quando usada para jogar luzes nos rostos dos servos negros no *As Bodas de Canaã*, de Veronese. Nesse quadro, tão densamente repleto de gente num banquete que é difícil enxergar as poucas pessoas negras mesmo quando procuramos, "APESHIT" cria uma nova arte que dá aos negligenciados – as pessoas não brancas – os papéis principais.

A referência mais explícita a protesto vem na segunda metade do vídeo, com uma cena demorada de jovens negros dobrando um joelho diante do Louvre, numa alusão ao protesto do jogador da National Football League contra a matança, pela polícia, de negros desarmados, e a cena é antecedida diretamente por uma estátua clássica na mesma posição. Essa estátua é uma versão romana de uma obra do artista grego Lísipo que, segundo dizem, foi contratado para pintar o retrato de Alexandre, o Grande. Supõe-se que a estátua representa o deus Hermes ajustando a sandália enquanto escuta ordens de Zeus, seu pai, rei dos deuses olímpicos, e é conhecida como Hermes Atando a Sandália.[25] Sobre a imagem da estátua, Jay-Z canta versos de críticas feitas à NFL, a organização acusada por Colin Kaepernick de conluio para deixá-lo fora do jogo devido a seu protesto durante o hino nacional na abertura dos jogos. Mesmo sendo um dos mais brilhantes quarterbacks no jogo, Kaepernick não arrumou mais trabalho desde seu protesto, em 2016. A justaposição da imagem de Hermes com o joelho dobrado, dentro do Louvre, com os que protestavam com o joelho dobrado, do lado de fora do museu, coopta a estátua, trazendo o deus antigo à cena, como parte do protesto atual. Hermes se torna advogado da relevância de "vidas negras importam", numa função mais digna do que remexer na sandália. O moderno enobrece o clássico, numa reversão da dinâmica esperada. A ideia de que Hermes está ouvindo Zeus enquanto amarra a sandália é um pouquinho imaginada pelos historiadores da arte. De fato, Hermes olha para o lado como se estivesse sendo interrompido, mas não sabemos ao certo por quem ou por quê. No entanto, esse é o mito aderido à estátua, e que dá ao "joelho dobrado" o imprimátur divino. Afinal (está ouvindo, NFL?), nos mitos gregos, as coisas não dão certo para os idiotas que não obedecem a Zeus,

Não é apenas o *conteúdo* de "APESHIT", os versos da canção e as coisas apresentadas no vídeo que são uma forma de protesto, mas é também o *processo*, que procura engajar quem ouve e vê. A insistência para que o espectador faça conexões, a recusa a simplificar, a riqueza das texturas histórica, artística e ideológica, tudo isso é uma forma de resistência cultural.[26]

É uma longa história de pessoas realmente enlouquecendo no Louvre e em outros museus, fazendo ataques tanto impulsivos como cuidadosamente planejados. Em 1914, Mary Richardson entrou na National Gallery de Londres com um cutelo e cortou o quadro de Diego Velázquez da Vênus nua se mirando no espelho, conhecido como a Vênus ao Espelho. Ela estava protestando contra a prisão da colega sufragista Emmeline Pankhurst, e escreveu uma declaração explicando seu ato, em que deixa claro que a escolha da Vênus como alvo foi deliberada: "Tentei destruir a pintura da mais bela mulher na história mitológica em protesto contra o governo por ter destruído a sra. Pankhurst, que é o mais belo personagem da história moderna. A justiça é um elemento de beleza tanto quanto a cor e o desenho sobre tela." Ela prossegue declarando que a indignação pela destruição de um quadro e não pela destruição de pessoas é "hipocrisia e besteira moral e política".

Mais recentemente, em 2009, uma russa que ficou frustrada quando lhe recusaram a cidadania francesa realizou um protesto mais espontâneo ao arremessar na Mona Lisa uma caneca que tinha acabado de comprar na loja do Louvre: "Gritos irromperam dos quarenta e tantos turistas se acotovelando para ver melhor a enigmática dama pintada por Leonardo da Vinci quando a caneca de cerâmica, vazia, voou sobre as cabeças deles e se esboroou no retrato." O vidro à prova de balas evitou maiores danos.

Mas muito diferente desses escândalos, o protesto dos Carter teve uma curadoria tão boa quanto as coleções do museu, e com um olhar mais agudo e politicamente consciente. Reescrevendo narrativas culturais de raça e poder, subvertendo espaços brancos, e insistindo na complexidade das conexões que podemos e devemos tornar mais efetivas em vez de atirar uma caneca na Mona Lisa ou esfaquear um quadro, "APESHIT", assim como as fotos de Beyoncé grávida, funde brilhantemente obras de arte e figuras mitológicas da Grécia, Roma e Egito antigos com imagens da arte africana e americana, usando-as para preconizar justiça social. A Antiguidade (grega, romana, iorubá, egípcia) e as muitas camadas emprestadas à Antiguidade por artistas mais tardios são partes essenciais da criação de mitos feministas por Beyoncé.

ΒΣΥΘΝCΣ, DEUSA

* * *

"A chave para o trabalho de mudar o mundo é mudar a história", Rebecca Solnit nos lembra.[27] Beyoncé está longe de ser a única artista a mudar a história quando se trata de mitologia clássica, feminismo negro e Antiguidade.[28] Tanto a instalação de Kara Walker, *A Subtlety, or Marvelous Sugar Baby* [Uma Sutileza, ou Maravilhoso Bebê de Açúcar] (2014), uma enorme esfinge-mamãe de açúcar exibida numa velha benfeitoria de açúcar no Brooklyn, quanto sua exposição temporária, *Safety Curtain at the Vienna State Opera House* [Cortina de Segurança na Ópera de Viena] (1998-1999), jogam, de maneira desconcertante e provocativa, com o embate entre figuras dos mitos antigos e figuras da história e cultura negras – as esfinges grega e egípcia, a caricatura da mamãe, o mito de Orfeu e Eurídice, e o show do personagem trovador Mr. Tambo, o músico sempre alegre.[29] A artista de hip-hop Monae Smith (também conhecida como Medusa, "a lírica sedutora") e a performática e poeta Dorothea Smartt (em sua coletânea de poemas *Connecting Medium*, 2001) reconfiguram Medusa através de suas próprias experiências como negras lésbicas e, de muitas maneiras diferentes, mudam a história de Medusa para uma de empoderamento e resiliência das mulheres negras diante da opressão branca.[30] E a coletânea poética *Voyage of the Sable Venus* [Viagem da Vênus Zibelina] (2015), de Robin Coste Lewis, contém um poema, exaustivamente pesquisado, composto inteiramente de "títulos, verbetes de catálogos e descrições de exposições" de objetos em museus que apresentam a forma da mulher negra. Ela tanto expõe a feiura das seleções nos museus como, num epílogo comovente da coleção dela, restaura a humanidade da "Vênus Zibelina".[31] Beyoncé faz parte de uma onda de criação de mitos de mulheres negras revisionistas e reparadoras, bem como de sua própria deusa singular.

Duvido que tenhamos ouvido sua última recriação subversiva da Antiguidade. Enquanto escrevo aqui, jornais noticiam que os Carter estão tentando fazer um vídeo no Coliseu, em Roma, o anfiteatro construído por imperadores da dinastia flaviana e usado para competições de gladiadores, algumas das quais reencenavam cenas mitológicas antigas. Parece que o pedido dos Carter foi rejeitado. Mas aposto em Beyoncé e Jay-Z. Não acredito que eles não consigam.

CAPÍTULO 8

TRANSMITOLOGIA

*Nunca tive que fazer nada, eu disse. Tenho sorte.
Nasci sem mitos. Cresci sem mitos.
Não nasceu não. Ninguém cresce sem mitos, disse Robin.
O que importa é o que fazemos com os mitos
com os quais crescemos.*
— Ali Smith, *Girl Meets Boy*

Uma história popular na Grécia e Roma antigas fala de uma jovem muito criativa, chamada Caenis, que trocou de sexo e virou o jovem Caeneus.

Contam que Caeneus tinha sido mulher, Caenis. Netuno a desejava, e ela disse que não iria dormir com ele de jeito nenhum, a não ser que ele jurasse transformá-la no que ela desejasse. Netuno jurou, e ela disse "faça de mim um homem". Preso ao juramento, Netuno obedeceu, e ficou sem o prazer do sexo.[1]

Em versões mais elaboradas, Caenis não se tornou apenas um homem comum, mas um homem invulnerável, que não podia ser penetrado de forma alguma. Esse mito tem muitas imagens fálicas, como se para enfatizar o novo corpo de Caeneus. Ele era um super-herói, um guerreiro que adorava a lança e liderou sua tribo, os Lapits, na guerra. Caeneus acabou sendo vencido pelos centauros, criaturas com a metade inferior do corpo de cavalo e a metade superior humana, que o pregaram na terra com troncos de pinheiro. O mito tem finais diversos: alguns relatam que Caeneus foi levado ao submundo, outros que ele mudou de forma novamente, dessa vez virando um pássaro com asas de ouro.

Caenis é uma das muitas figuras dos mitos clássicos que mudam de sexo, cujo gênero não se encaixa no sexo que lhes coube ao nascer, ou cujo gênero é fluido. Suas histórias servem de inspiração e afirmação para transgêneros e não binários de hoje. Buscamos na Antiguidade exemplos de comportamentos humanos, modos de vida que confirmam, desafiam e expandem possibilidades para vivermos hoje. Não existimos num vácuo temporal. Buscamos no passado maneiras positivas de pensar o presente e o futuro.

Isso é corroborado pelas respostas de jovens trans e não binários numa pesquisa realizada no verão de 2018, chamada The Impact of Classics on Queer Youth Identity Formation [O Impacto dos Clássicos sobre a Formação da Identidade da Juventude Queer]. Foi criada e distribuída, via mídia social, por Hannah Clarke, estudante na Universidade de Miami em Ohio, formanda em Humanidades clássicas, escrita criativa e mulheres – estudos de gênero e sexualidade.[2] Mil e quinhentas pessoas responderam, desde adolescentes até jovens na casa dos vinte anos. Os participantes se identificaram como de gênero queer, lésbicas, gays, não binários, pansexuais, assexuais, trans homem, trans mulher, questionadores, gênero fluido, fluxo fluido, semimulher, e várias combinações derivadas. Tantas palavras preciosas, tantas possibilidades. Quando eu era jovem, mulheres eram hétero, bissexuais ou lésbicas. Para deixar claro, eu sou cisgênero e bissexual, o que é uma pena, porque bissexual é a orientação menos favorecida na sociedade, tolerada, porém meio decepcionante. É o biscoito digestivo no pote dos biscoitinhos das definições sexuais. A pesquisa perguntou qual a importância das figuras e histórias mitológicas LGBTQ+ para os jovens, na sala de aula e na mídia em geral.

Aqui vão algumas respostas:

"Acho que eu teria me sentido mais confortável comigo mesmo se tivesse aprendido mais cedo que narrativas queer existem há milênios, e que as histórias que eu adorava tinham pessoas como eu."

"Esse [mito de Ifis e Iante] tem importância para mim porque mostra que a vida segundo o gênero e sexualidade na pessoa binária não é algo que foi considerado verdade e concreto em toda a história."

"Aprender na aula sobre figuras LGBTQI me ajudou a me sentir validado."

"Faz o queer visível de tal forma que eu me sinta visto."

As respostas mostram que os jovens queer são atraídos por figuras dos mitos antigos que desafiam a ideia de que "normal' e "natural" são categorias fixas e imutáveis. E também que têm uma profunda necessidade de se sentirem afirmados, validados, menos sós, mais visíveis, e que os mitos com histórias queer ajudam a suprir essa necessidade. As histórias mais mencionadas foram de Safo, Dioniso, Tirésias, Aquiles e Pátroclo, mas também de Loki, deus nórdico andrógino (interpretado nos filmes *Thor* pelo ator Tom Hiddleston, que veio a frequentar meu curso "Ética Sexual na Grécia e em Roma Antigas" como parte de sua graduação em Clássicos na Universidade de Cambridge; ele pode contar a história da androginia tão bem quanto atua no papel), e os mitos de Ifis e Iante, Salmacis e Hermafrodito, e Caeneus.

O papel dos mitos gregos como idealismo queer tem uma longa história. A psicanálise e a sexologia nasceram no século XIX e foram influenciadas por mitos antigos e ideias sobre desejo.[3] Essas disciplinas patologizaram homossexualidade e lesbianismo e, ao categorizá-las psicologicamente como anormais e doentias, deram autoridade científica à criminalização de relações gays e lésbicas. O mesmo período viu um movimento na defesa do "amor grego", notadamente na Inglaterra, com os autores John Addington Symonds e Oscar Wilde.[4] "Sei que Hiacintus, que Apolo amou tão loucamente, era você nos dias gregos", escreveu Oscar Wilde a seu amado Alfred, lorde Douglas, dois anos antes do julgamento da peça por "grosseira indecência", em 1895, em Londres.

Na Grécia antiga, os casos de amor entre homens eram a norma. Homens da elite – temos poucas evidências de homens pobres e escravos – deviam se casar com mulheres e ter casos de amor com homens, bem como sexo com prostitutas e escravos de ambos os sexos. Relações românticas entre homens eram amplamente celebradas, desde que fossem entre um homem mais velho e um jovem. A amplitude da diferença de idade é tema de debate entre estudiosos. Provavelmente incluíam relações entre um jovem de dezoito e um de vinte anos, mas também entre garotos mais novos e homens mais velhos.[5]

Portanto, o amor entre homens na Grécia se sobrepõe em parte ao que chamamos de homossexualidade, e em parte ao que chamaríamos de abuso de crianças, dependendo das idades das pessoas envolvidas na época e da idade permitida pela lei onde vivemos hoje. Isso se aplica a relações entre homens e mulheres ou meninas; a infância terminava muito mais cedo naqueles tempos. Mas os gregos pensavam sobre relações sexuais de um modo um pouquinho diferente do que pensamos hoje. Os gregos e romanos antigos pensavam em termos de práticas sexuais, e não em orientações ou identidades sexuais. Estavam mais preocupados com o autocontrole de um homem em suas expressões de desejo do que com o sexo da pessoa desejada. Embora eu vá usar termos modernos ao discutir o mundo antigo, eles são, estritamente falando, anacrônicos. Não teria sentido perguntar a um homem na Atenas do século V se ele era homo ou heterossexual.

Os mitos refletiam a realidade. Na mitologia grega, deuses e homens tinham amantes masculinos. Zeus raptou o jovem troiano Ganimedes, o que dificilmente foi consensual, mas nenhum humano podia rejeitar Zeus. Aquiles, o brilhante guerreiro cuja história é narrada na *Ilíada*, de Homero, era amante de Pátroclo, e ficou inconsolável quando ele foi morto.[6] O filósofo Platão escreveu seus próprios mitos sobre amor gay.[7]

Era muito diferente para as mulheres, que não podiam ter muito desejo de qualquer tipo. A poeta Safo é uma exceção importante. Autora aclamada de versos refinados, ela escreveu sobre casos de amor entre mulheres, bem como entre mulheres e homens. A palavra *lésbica* é derivada da ilha grega de Lesbos, onde ela viveu por volta de 620-560 a.c. Sabemos muito pouco de Safo, mas ela era tão extraordinária que se tornou algo como um mito na Antiguidade. No século XIX, quando aumentou a visibilidade do amor lésbico, Safo, "a lésbica original", foi uma inspiração.[8] E como mostram os participantes da pesquisa Queer Youth, ela continua a ser um ícone para mulheres lésbicas e bissexuais.

O papel fundamental desempenhado pelo mito clássico na construção de identidades gays e lésbicas, e inspirando gays e lésbicas, leva a investigar se o mito pode ter um papel similar em identidades e vidas de pessoas trans, intersexo e de gênero não binário. Muito pouco foi escrito sobre a importância dos modelos antigos para pessoas trans, intersexo e de gênero não binário.[9] A escavação de seus predecessores míticos pode conduzir a uma afirmação cultural, dando um pequeno passo rumo à equidade e à aceitação social.

À primeira vista, não é uma tarefa fácil. A Antiguidade Clássica não era um lugar de aceitação para gente intersexo; há relatos de pessoas excluídas e até mesmo mortas.[10] Vários mitos apresentam homens personificando mulheres, se vestindo como mulheres, ou tomando a forma feminina para penetrar em espaços só para mulheres. Eles sempre constituem uma ameaça sexual e frequentemente estupram ou tentam estuprar mulheres. Quando menino, Aquiles ficou escondido numa escola para meninas, onde viveu como uma delas. Sua mãe queria evitar que ele fosse lutar na Guerra de Troia porque foi profetizado que ele morreria na batalha. Ele acabou violando uma colega, Deidamia. Júpiter, com desejo lúbrico pela caçadora Calisto, estuprou-a violentamente tomando a forma da deusa Diana, companheira dela.[11] O mito aqui tem a função de espalhar o medo, cultivando um alarmismo preconceituoso semelhante ao atual "pânico do banheiro".

Os mitos de Tirésias, Salmacis e Hermafrodito, Ifis e Iante, e Caeneus têm aspectos que lembram a política sexual moderna e pode-se até pensar que são queerfóbicos. Quando li as respostas à pesquisa Queer Youth, minha primeira reação foi de perplexidade. Minha filóloga interna queria gritar "Vocês não estão entendendo os mitos!"

Mas se os mitos são significativos para pessoas queer, só isso já é motivo para consideração. A interpretação de mitos é sempre seletiva. Como diz Kathy Acker, citada no prefácio do romance de Ali Smith *Girl Meets Boy*, "Há necessidade de uma narrativa, e a simultânea necessidade de fugir da prisão da história – a distorção." Como vimos diversas vezes neste livro, os mitos são lidos seletivamente, recriados, adaptados, recortados e colados, e assim sempre foram, principalmente na Antiguidade. As diferentes versões operam coletivamente como uma espécie de conversa, as versões mais tardias respondendo às anteriores, como contribuições a um extenso debate. O que descobri quando retomei os mitos antigos e os enxerguei de uma nova maneira, foi que minha filóloga interna estava errada, porque então vi que alguns contêm mais elementos trans-afirmativos do que eu imaginava. Ver os mitos com um "olhar queer" desvela níveis que de outra forma permaneceriam escondidos. Em outras palavras, nem sempre é necessário distorcer, afinal.

* * *

PRESENÇA DE ANTÍGONA

O relato mais detalhado do mito de Caeneus se encontra nas *Metamorfoses* de Ovídio.[12] Nessa versão, Netuno estuprou a jovem Caenis e depois se ofereceu para lhe dar o que ela quisesse. Ela desejava "deixar de ser mulher", para nunca mais sofrer uma dor como aquela. Ao proferir essas palavras, ela foi se transformando em Caeneus:

> *Ela disse as últimas*
> *Palavras num tom profundo; bem poderiam ser*
> *Uma voz de homem.*

Netuno deu a Caeneus um poder adicional, o da invulnerabilidade física. Jamais poderia ser penetrado novamente, nem por lança ou espada.

Essa história é inquietante para um olhar moderno. Escolhas de afirmação de vida não precisam nascer da desgraça. Ser transgênero envolve tipicamente um processo de entendimento de que seu gênero não combina com seu sexo, e não, como na história de Caeneus, uma mudança imediata de um sexo para outro. Algumas pessoas trans decidem mudar seu corpo fisicamente, por meio de cirurgia e de hormônios, de modo a ficarem mais alinhadas com seu gênero, enquanto outras escolhem não trocar, ou não têm meios para trocar. Homens trans não escolhem se tornar homens por medo das vulnerabilidades de ser mulher, e sim porque entendem que são homens. Diante disso, o mito de Caeneus é uma falsa representação nociva.

Entretanto, Ovídio nunca é direto. Nestor, um velho sábio, é o narrador da história de Caeneus, e o modo como a história é contada é importante. Ele admite que sua memória não é muito boa e, apesar de insistir que se lembra muito bem do conto de Caeneus, ele se distancia do que aconteceu usando expressões que introduzem incerteza sobre a verdade de seu relato, como "corria o boato", e "isso também era parte do mesmo boato".[13] Outros aspectos do mito também soam estranhos para leitores familiarizados com as alegorias das histórias antigas. Caenis é descrita como uma "beleza notável", "a mais linda de todas as moças da Tessália". Dizem que ela tinha muitos pretendentes, mas "Caenis não se casou com ninguém". Por que não? Em histórias como essa, é muito estranho que moças em idade casadoura não se casem. Também estranho é o fato de Caenis não ser punida depois de estuprada. A maioria das mulheres estupradas é punida nas *Metamorfoses*. Podemos entender a derrota de Caeneus pelos centauros como punição, mas se assim for, é uma punição muito retardada, depois de um longo período de felicidade. Nestor conta ainda que numa versão da história Caeneus escapa dos centauros se metamorfoseando em um pássaro. Por fim, após ser presenteado com a realização de seu desejo, Caeneus exulta, não por estar livre da ameaça de estupro – o motivo ostensivo para sua transformação – mas por ser um homem e passar seus dias em "atividades de homem".

Nenhum desses detalhes se encaixa na narrativa da transição de Caeneus para evitar estupro. Dão indícios, isso sim, de uma história diferente, em que Caeneus se transformou porque sempre soube que era homem, e Netuno lhe deu a oportunidade de viver plenamente como homem. Essa linha de interpretação é reforçada pela versão mais antiga das que sobrevivem da história de Caeneus. Está num fragmento do colecionador de mitos, Akousilaus: "Netuno fez sexo com Caenis, a filha de Elatos. Então – porque não era correto para ele ter filhos com ele, nem com ninguém –, Netuno o transformou num homem invulnerável, que tinha a maior força dos homens da época. Quem quer que tentasse atacá-lo, com ferro ou bronze, era completamente derrotado."[14] Os pronomes contam a história. No grego, está claro que Caenis é mulher quando Netuno faz sexo com ela, porque o pronome feminino é usado além do substantivo feminino. Entretanto, na frase seguinte, os dois pronomes são masculinos: "não era correto para ele ter filhos com ele, nem com ninguém", presume-se que signifique que não era correto Caenis ter filhos com Netuno, e não o contrário, porque Netuno tinha muitos filhos com as mulheres que estuprava, mas no grego isso fica confuso. Depois Netuno "o transformou num homem invulnerável". Mais uma vez, Caenis leva o gênero masculino *antes* que Netuno o transforme.

Embora o estupro não seja um fator determinante para levar homens trans à transição, a impermeabilidade ao estupro e à violência física é, comumente, uma fantasia de muitos homens e mulheres trans. Estupro e violência física são medos reais para as pessoas trans, especialmente mulheres trans não brancas, que são alvos em um número de vezes desproporcional.[15] Em Ovídio, a fantasia da impermeabilidade aparece numa cena posterior, em que Caeneus é alvo do que chamaríamos da intolerância transfóbica, a maldade sórdida que geralmente precede um ataque físico. Caeneus, juntamente com seus camaradas, se vê numa batalha contra os centauros. Caeneus enfrenta o centauro Latreu, que lhe grita ofensas:

TRANSMITOLOGIA

Vou ter que lidar com você, Caenis!
Para mim, você será sempre mulher,
Para mim, será sempre Caenis! Seu nascimento
Não te recorda, você não se lembra por qual ato você
recebeu o prêmio dessa falsa aparência masculina?
Pense em que corpo você nasceu, e no que você sofreu!
Vá embora! Volte para sua roca de fiar!
E a cestinha de lãs! Vá tecer o fio com sua mão
treinada. Deixe a guerra para os homens![16]

O que aconteceu depois é, portanto, imensamente satisfatório. Caeneus responde enfiando fundo a lança bem no meio do centauro. "Louco de dor", Latreus revida, atacando com a lança o rosto desprotegido de Caeneus, mas nem consegue romper a pele. A descrição da falha da arma é uma zombaria ao oponente: "Quicou para longe, como granizo caindo do telhado, como uma pedrinha num tambor vazio." O centauro tenta novamente e mete a espada nos genitais de Caeneus. O metal faz um barulho "como se batesse em mármore", e a lâmina se quebra. Caeneus mata Latreus e ainda fica impenetrável ao ataque de uma multidão de centauros. O fim da história, diz Nestor, "permanece incerto". Os centauros enterram Caeneus sob um grande monte de pedras e troncos de árvores até ele mal conseguir respirar.

Em outras versões do mito, os centauros esmagam com marretadas Caeneus no chão, uma imagem que, para mim, se funde com uma metáfora usada pela crítica feminista Sara Ahmed, metáfora da transfobia dentro do feminismo, "vivenciada como marretadas, um constante esmagar da existência trans", e para uma união de forças das feministas e pessoas trans, mais produtiva, de modo que ambas possam esmagar o patriarcado: "Uma afinidade de marretas."[17]

PRESENÇA DE ANTÍGONA

Centauros pregam Caeneus no chão (aqui, com jarros). (Sarcófago fenício, século V a.C.)

O Nestor de Ovídio continua a narrar a história, dizendo que alguns acham que o peso da madeira empurrou Caeneus diretamente para o submundo, mas Mopsus, o vidente (neto do mais famoso vidente, Tirésias, cujo mito abordaremos a seguir), vendo sair do montículo um pássaro com asas de ouro, saudou-o como um grande herói e agora um pássaro sem igual. É o final feliz de um mito sobre um homem mítico trans extraordinário.

No mundo de hoje, ser de gênero fluido é ser marginalizado. Qualquer pessoa relegada a assumir "outras" formas passa um bocado de aperto em nossa sociedade. Pessoas como Eddie Izzard, que, como ele relata em suas memórias *Believe me: A Memoir of Love, Death, and Jazz Chickens*, tem "dias de menino" e "dias de menina", não são bem representadas em nossa cultura.[18] Mas na Antiguidade Clássica, muitos deuses eram de gênero fluido. Pensamos – e evidências esparsas fazem disso uma especulação – que os primeiros deuses na Roma antiga não tinham gênero. Alguns estudiosos argumentam que Vênus tem origem numa derivação do substantivo *vênus*, que denotava uma qualidade abstrata de charme e graça. Esse substantivo era classificado como neutro, e não masculino ou feminino, por isso originalmente Vênus não tinha sexo.[19] Um escritor da Antiguidade explica uma estátua que viu no Chipre, chamada Afrodito, ou Vênus o Provedor, que apresenta Vênus com barba e genitália masculina. Ele relata que "Em sacrifícios para ela, os homens vestem roupas de mulher e as mulheres vestem roupas de homem, porque ela é considerada ao mesmo tempo homem e mulher".[20]

O deus romano Vertumnus não tinha qualquer identidade fixa; mudava de gênero, idade e forma física à vontade.[21] Vertumnus era a deidade das estações, da mudança e do florescer das plantas. Há um jogo de palavras em seu nome: *vertere* em latim significa "mudar". Um antigo estudioso, chamado Sérvio, escreveu: "Poderes divinos são vistos em cada sexo, pois são incorpóreos e adotam o físico que quiserem."[22] Havia discussões consideráveis sobre isso na Antiguidade. Nem todo mundo concordava com Sérvio, mas existem paradigmas positivos consideráveis aqui para se construir as bases de uma história da fluidez de gênero. Como disse um participante da pesquisa de Hannah Clarke, "Se deuses são de gênero fluido... por que eu iria me sentir sozinho em minha fluidez?"

* * *

PRESENÇA DE ANTÍGONA

Quem extrai maior prazer do sexo: o homem ou a mulher? Essa questão foi levada ao mítico profeta Tirésias, que viveu como homem e como mulher. Tirésias estava caminhando por um monte e ao ver duas cobras fazendo sexo, bateu com o cajado em uma delas e virou mulher. Viveu como mulher durante oito anos, e uma versão do mito conta que, nesse período, Tirésias engravidou e deu à luz um filho. Mas um dia ele encontrou outro – ou talvez o mesmo – casal de cobras fazendo sexo, bateu com o cajado numa delas e recuperou seu corpo de homem. Algum tempo depois, Zeus e Hera estavam discutindo sobre quem extrai mais prazer do sexo, o homem ou a mulher, e decidiram consultar Tirésias porque somente ele tinha experiência para saber ao certo. Tirésias respondeu que a mulher tem nove vezes mais prazer que o homem. Hera ficou tão irritada com a resposta que arrancou os olhos de Tirésias. Zeus o compensou pela cegueira dando-lhe o dom da profecia e uma vida que duraria sete gerações.[23] Por que Hera ficou tão zangada com a resposta de Tirésias? Não sabemos bem. Uma teoria provável é ter revelado que as mulheres são desmedidas e voluptuosas, um segredo que seria melhor guardar.

O mito de Tirésias não mapeia facilmente as narrativas trans modernas.[24] Pode ser lido como uma história de arrependimento da transição. Depois de viver um bom período como mulher, ele resolve voltar ao gênero que lhe fora destinado por nascimento. Os participantes da pesquisa Queer Youth, porém, focalizaram mais seus poderes super-humanos de adivinhação. Tirésias foi um dos mitos que inspiraram o autor Jeffrey Eugenides a escrever *Middlesex*, um conto de ficção sobre a vida de Cal, chamado Callie Stephanides (Callie por causa da musa Calíope), um intersexo descendente de gregos que emigrou para os Estados Unidos.[25] Cal é intersexo devido a uma condição genética inusitada, como ele diz no começo do livro: "Canta agora, Ó Musa, a mutação recessiva do meu quinto cromossomo." *Middlesex* abriu um novo campo. É uma das poucas obras literárias a ter um personagem intersexo como protagonista.

Essencial à jornada de autodescoberta de Cal Stephanides é o mito de Hermafrodito, de onde temos a palavra *hermafrodita*, que raramente é usada hoje porque a ela se atribuem conotações pejorativas. Callie vai à Biblioteca Pública de Nova York procurar o significado de hermafrodita e fica transtornado ao ver o verbete do dicionário terminar com "ver sinônimos em MONSTRO".[26] Em alguns relatos do mito, Hermafrodito, filho dos deuses Hermes e Afrodite, é intersexo de nascença. No entanto, Ovídio conta uma história diferente. Nesta, seu sexo é sugerido ao nascer, pois sua aparência tem aspectos do pai e da mãe, mas é causado mais diretamente por uma extraordinária metamorfose. Hermafrodito era um lindo jovem, cuja beleza despertou o desejo de uma ninfa chamada Salmacis. Ao ser rejeitada em seus avanços, Salmacis, que o narrador de Ovídio descreve em termos tipicamente usados por estupradores, atrai Hermafrodito para mergulhar nu em seu lago e se funde a ele fisicamente de tal maneira que os dois jamais se separarão:

> *Eles não são dois, mas têm uma aparência dual, não descritível como mulher*
> *Nem como rapaz, eles parecem ser nenhum dos dois –*
> *e ambos.*[27]

PRESENÇA DE ANTÍGONA

Desde então, diz a história, homens que se banham nesse lago ficam airosos e efeminados. A fonte de Salmacis pode ser visitada na cidade de Bodrum, no litoral sul da Turquia. A estátua romana Hermafrodito Adormecido, exposta no Louvre, brinca com o visitante. Vista de costas, parece uma mulher, com quadris femininos. De frente, aparecem os genitais de Hermafrodito e a ondulação suave do seio. Mas o que me impressiona é a beleza da figura dormindo. Não há nada de monstruoso em Hermafrodito. Apesar de alguns elementos inquietantes do mito, como a investida sexual e as propriedades feminis do lago, Hermafrodito introduz uma figura que quebra nossas categorias sexuais, menino ou menina?, e – essa parte é crucial – é de uma beleza deslumbrante.

Da Antiguidade Clássica, o mito de Ifis e Iante é o único sobre desejo lésbico que sobrevive. É também um mito fundador para homens trans, não obstante desconfortável, ou impossível, seja uma combinação dessas duas interpretações.

Diz a lenda que Ligdus e sua mulher, Telethusa, estavam esperando bebê, mas Ligdus exigia que, se fosse menina, Telethusa tinha que se desfazer dela. Telethusa deu à luz uma menina e rezou para a deusa Isis, que a aconselhou a criar a filha como menino, escondendo do marido e do restante do mundo o verdadeiro sexo da recém-nascida. A criança recebeu o nome neutro de Ifis, que servia aos dois gêneros. Quando Ifis chegou à adolescência, Ligdus arranjou para que "o filho" se casasse com uma menina chamada Iante.

TRANSMITOLOGIA

Ifis se apaixonou por Iante e, à medida que se aproximava a data do casamento, ficava cada vez mais ansiosa porque, a seu ver, assim como na visão da sociedade romana, mulher não podia se casar com mulher. Telethusa voltou a rogar a Isis. Levou a criança ao templo da deusa e rezou fervorosamente. Ao sair do templo, o corpo de Ifis mudou. Suas passadas ficaram mais largas, os músculos mais fortes, os cabelos mais curtos. Em termos de hoje, o sexo de Ifis agora combinava com seu gênero. Na noite do casamento, "o rapaz Ifis consumou os votos que [a menina Ifis] fizera".[28]

O aspecto mais problemático é não haver nesse mito espaço para o amor lésbico. Ifis não fez a transição a fim de ter um relacionamento romântico com Iante. A racionalização de Ifis é "vaca não ama vaca, égua não ama égua, mas o carneiro deseja a ovelha... Em todo o mundo animal, não existe fêmea louca de desejo por outra fêmea". Vem de longa data a tradição de tomar exemplos da natureza para naturalizar a heterossexualidade e caracterizar relacionamentos gays como anormais, desde as *Leis* de Platão até o antigo romance grego *Dafne e Cloé*, e antecede argumentos homofóbicos semelhantes que são comuns no mundo moderno.[29] É pena que as pessoas que baseiam seus argumentos na natureza raramente vejam o exemplo do gorila e do louva-a-deus.[30]

Contudo, o caso de Ifis e Iante tem um final feliz. E a metamorfose continua... desde a história de Ovídio até o glorioso romance de Ali Smith, *Girl Meets Boy*.[31] Smith adota o conto ovidiano, mas o transforma numa história livre dos elementos ardilosos do poema latino.

Na adaptação moderna – narrada em capítulos alternados por Anthea Gunn, que faz a personagem de Iante, e sua irmã Midge, diminutivo de Imogen, que vivem juntas na cidade escocesa de Inverness, onde trabalham numa empresa de engarrafamento de água – o foco não é a mudança de sexo, mas a dissolução das fronteiras de gênero. Anthea se apaixona por um ativista andrógino que faz pichação nas paredes da empresa em protesto contra a venda de algo que deveria ser gratuito:

> Minha cabeça, alguma coisa aconteceu dentro dela. É como se uma tempestade no mar ocorresse, mas somente por um momento, e somente no interior da minha cabeça. Minhas costelas, alguma coisa definitivamente aconteceu lá. É como se isso se desamarrasse de si mesmo, como o casco de um navio esbarrando na rocha, cedendo, e o navio que eu era se abrisse todo dentro de mim e o mar entrasse.
> Ele era o garoto mais lindo que eu jamais tinha visto na vida.
> Mas parecia na verdade uma garota.
> Ela era o garoto mais lindo que eu jamais tinha visto na vida.

A garota é Robin Goodman, um nome que cai bem na androginia da personagem e acena para o Puck de Shakespeare, o duende malicioso também conhecido como Robin Goodfellow em *Sonho de Uma Noite de Verão*. Assim como Puck, Robin é uma agitadora esperta, e o romance, principalmente seu final de conto de fadas, tem uma qualidade onírica. A assinatura artística de Robin no pixo é Ifis 07, e ela conta o mito a Anthea, acrescentando seus comentários:

É fácil, quando tudo e todo mundo diz que você tem a forma errada, acreditar que você tem a forma errada. E também, não esqueça, a história de Ifis foi inventada por um homem. Bem, eu digo homem, mas Ovídio é muito fluido, como os escritores são, mas Ovídio é muito mais que a maioria. Ele sabe, mais que a maioria, que a imaginação não tem gênero. Ele é muito bom mesmo. Ele respeita todo tipo de amor. Ele respeita todo tipo de história. Mas com essa história, bem, ele não consegue evitar a fixação naquilo que as garotas não têm debaixo da toga, e é ele que não consegue imaginar o que as garotas fariam sem aquilo.[32]

Nessa reflexão coloquial sobre Ovídio, Smith reconhece os problemas com seu relato de Ifis e Iante, e prossegue em sua história com leveza e habilidade, em que o amor lésbico não requer intervenção divina. Esse é um dos vários momentos de autoconscientização no romance, em que o mito se torna não apenas a substância da história, mas um processo a ser ponderado.[33]

Em contraste com Ovídio, Smith não tem fixação naquilo que está embaixo da toga (ou do saiote escocês) de quem quer que seja. Quando Midge, que tem problemas para lidar com o fato de sua irmã ser gay ("Minha irmãzinha vai se tornar uma mulher anormal, uma velha predadora seca, insatisfeita, como Judi Dench no filme *Notas sobre um escândalo*"[34]), pergunta sem rodeios a Robin "qual é a palavra correta para isso, quer dizer, para você", a resposta de Robin é uma repreenda a Midge e a todo leitor que seja dependente de rótulos para sexo e gênero:

Ela me olha por um longo tempo... Então, quando ela fala, é como se todo o seu olhar falasse.

A palavra apropriada para mim, diz Robin Goodman, sou eu.[35]

No texto de Smith, e no amor de Robin e Anthea, o gênero de dissolve; garoto e garota perdem significado:

Ela tinha uma altivez de garota. Ela corava como um garoto. Ela tinha a dureza de uma garota. Ela tinha a gentileza de um garoto. Ela era roliça como uma garota. Ela era graciosa como um garoto. Ela era valente e linda e bruta como uma garota. Ela era bonita e delicada e elegante como um garoto. Ela virava a cabeça de garotos como uma garota. Ela virava a cabeça de garotas como um garoto. Ela fazia amor como um garoto. Ela fazia amor como uma garota. Ela era tão menino que era menina, tão menina que era menino, ela me fazia querer correr o mundo escrevendo nossos nomes em todas as árvores.[36]

Talvez o aspecto mais brilhante de *Girl Meets Boy* seja a politização explícita da metamorfose e a restauração da gerência das pessoas sobre seu corpo e sua vida. No conto de Ovídio, os humanos podem rezar por uma transição de seu corpo, mas são os deuses que comandam lá do alto a mudança, a transformação imediata. Robin e Anthea picham mensagens de protesto feminista, gravando-os em locais públicos em toda Inverness. Aqui vão dois deles:

EM TODO O MUNDO, DOIS MILHÕES DE MENINAS MORTAS ANTES DE NASCER OU AO NASCER PORQUE NÃO ERAM

MENINOS. ESTÁ NOTIFICADO. ALÉM DESTAS, A ESTIMATIVA É DE MAIS CINQUENTA E CINCO MILHÕES DE MENINAS NÃO NOTIFICADAS, MORTAS PORQUE NÃO ERAM MENINOS. SÃO SESSENTA MILHÕES DE MENINAS. ISSO TEM QUE MUDAR.

EM TODO O MUNDO, ONDE MULHERES ESTÃO FAZENDO EXATAMENTE O MESMO TRABALHO QUE OS HOMENS, RECEBEM TRINTA A QUARENTA POR CENTO MENOS. NÃO É JUSTO. ISSO TEM QUE MUDAR.

Eles assinam com "Ifis e Iante, as garotas mensageiras", ou "Ifis e Iante, os garotos mensageiros".[37]

O romance costura e expõe as conexões das alegrias do amor lésbico, o protesto feminista, a preocupação com o ambiente (Midge acaba assumindo a empresa de água), e a fluidez da identidade de gênero. Ele transmuta o conto de Ovídio sobre Ifis e Iante, e com isso quero dizer que a autora toma um mito que reforça a heterossexualidade e, com delicadeza e humor, o reescreve para afirmar a diferença e a diversidade. São mantidos os elementos radicais do mito antigo e o resto é mudado. Essa metamorfose é como Smith nos habilita a "escapar da prisão da história" e abraça uma narrativa mais libertadora.

Diferentemente da onda de reproduções criativas de mitos antigos sobre volta ao lar, ou Guerra de Troia, Medusa, Lisístrata, Vênus, Aquiles e Pátroclo, Safo, adaptações criativas de mitos sobre trans e gênero não binário estão à espera de ser escritos. *Girl Meets Boy* é um modelo para o que esperamos vir a se tornar uma tendência e uma tradição. Temos sede dessa transmitologia. Mas a importância de *Girl Meets Boy* vai além, captando algumas ideias que sustentam este livro. Uma delas é que o desejo é transformativo. Pode ser destrutivo, como nos mitos do Ceifador da Terra e sua filha, Apolo e Dafne, Filomela, Procne e Tereu. Mas pode também ser uma força para o bem, especialmente quando, como vemos em Robin e Anthea, um forte desejo pessoal está casado ao desejo de mudança política. A mudança está sob nosso controle; diferentemente dos antigos, não precisamos implorar aos deuses. O que vamos fazer com esse dom? *Girl Meets Boy* sugere algumas das mesmas respostas apresentadas neste livro. Retomando o passado, podemos imaginar um novo futuro. E reconhecendo o poder subversivo dos mitos antigos, por meio da leitura atenta das histórias originais, aproveitando suas recriações modernas e usando-as como apoio e inspiração de ativismo político, será possível a transformação e a redenção. Como diz Anthea:

> Sempre foram as histórias que precisaram ser contadas que nos deram a corda para atravessar qualquer rio... nos fizeram destemidos. Nos fizeram bem. Nos mudaram. Estava em sua natureza fazer isso.[38]

CODA: PRESENÇA DE ANTÍGONA

Histórias têm importância. Muitas histórias têm importância. Histórias são usadas para desapropriar e difamar. Mas histórias podem também ser usadas para empoderar e humanizar. Histórias podem destruir a dignidade de um povo. Mas histórias podem também resgatar essa dignidade.

— CHIMAMANDA NGOZI ADICHIE
"O perigo de uma história única", Palestra TED

Somos muchos. Somos muitos.

— SARA URIBE, *Antígona González*

O ESPÍRITO CORAJOSO DE ANTÍGONA SEGUE VIVO EM MALALA Yousafzai, Olga Misik, Greta Thunberg e em muitas jovens que se levantam contra o mau uso do poder, mas a *história* de Antígona, contada por Sófocles em seu drama trágico, termina em catástrofe, dor e ruína.

PRESENÇA DE ANTÍGONA

Antígona viola a lei e desafia seu tio Creonte, rei de Tebas, ao enterrar o irmão, que era inimigo do Estado. Como Antígona não desiste, Creonte ordena que ela seja encerrada viva numa tumba. É um ato particularmente covarde, pois Antígona é deixada para morrer de fome, mas como Creonte não ordenou sua morte imediata, ele espera evitar o estigma religioso que teria por executar a sobrinha. A atitude de Creonte muda após a visita de Tirésias, o vidente cego, que lhe fala que suas ações foram imorais. Mas é tarde demais, porque quando os guardas vão libertar Antígona, descobrem que ela se enforcou. Hêmon, filho de Creonte e noivo de Antígona, se mata e sua morte leva ao suicídio de sua mãe, a rainha Eurídice. Creonte acaba um homem arrasado, mas a que custo? Como exemplo para um ativismo bem-sucedido, essa história deixa a desejar.

A falta de sentimento fraterno de Antígona também é um problema.[1] Logo no começo da peça, Antígona pede a Ismênia que a ajude a enterrar o irmão, mas Ismênia faz objeção aos seus planos. Antígona não admite diálogo, discordância ou concessão, e diz "Você será minha inimiga".[2] No decorrer da peça, Ismênia tenta compartilhar a culpa pelo enterro do irmão e quer se aliar a Antígona, mas Antígona recusa. É interessante, na peça de Sófocles, que Antígona jamais diz *nós*. No começo ela usa a fórmula *você e eu*, e depois sua fala é sempre *eu*. Sua linguagem de exclusão reflete, e revela, sua política.

A certeza e a determinação de Antígona são parte de seu atrativo. Mas a certeza também gera extremismo, que, como Sófocles adverte, pode ser destrutivo. Hoje, a intolerância e presunção de Antígona podem ser vistas especialmente na mídia social, que tende a agravar e estimular discórdias. As feministas estão prontas para berrar umas com as outras, para

CODA: PRESENÇA DE ANTÍGONA

punir transgressões por menores que sejam, para recusar outras perspectivas e criar uma cultura de silenciar e constranger. Como diz Jessa Crispin em sua crítica ao feminismo moderno, "Um ambiente de queda de braço com dissidências e opiniões diversas é um ambiente desprovido de possibilidades e dinamismo".[3] "Queima tudo" é uma palavra de ordem dos treteiros online. É mais fácil recriminar e condenar do que persuadir, do que inspirar e ter o empenho necessário para obter uma mudança positiva. Há um viés de niilismo na *Antígona* de Sófocles que faremos bem em rejeitar.

Uma das conclusões deste livro é que os mitos (histórias) da Antiguidade têm poder subversivo justamente porque podem ser contados, e lidos, de várias maneiras. Nas palavras do escritor Ben Okri, os mitos "sempre criam asas e voam para além do lugar onde podemos mantê-los fixos".[4] Isso se deve às suas ambiguidades inerentes e à sua capacidade de revelar uma perspectiva diferente se os lemos com cuidado, como vemos na leitura dos mitos sobre trauma sexual, ambiente e transição de gênero nas *Metamorfoses* de Ovídio. Deve-se também à reimaginação criativa de mitos por artistas modernos, como Ali Smith e Beyoncé, e por ativistas como Diana, a Caçadora de Motoristas de Ônibus. Essas novas adaptações modificam não só as tramas dos contos antigos, mas também o que eles têm a dizer sobre mulheres, raça e relações humanas. Em outras palavras, ao modificar os mitos (histórias), os artistas subvertem os mitos, no sentido de falsas ideias e crenças, também.

O problema é que mitos misóginos estão mais firmemente arraigados na cultura de hoje do que os mitos que subvertem a misoginia. A crença em que as mulheres, principalmente mulheres estrangeiras, têm que ser controladas, conquistadas e até mortas, que algumas merecem ser estupradas e desacreditadas se contarem a verdade sobre a violência sexual, é uma crença blindada em nossa cultura. A indústria da dieta e os códigos de vestimentas utilizados para punir mulheres e meninas, para aplicar normas de gênero e raça, são um fenômeno social global que causa imensos danos e infelicidades. Os paradigmas da Antiguidade que desafiam essas histórias, crenças e práticas não são bem estabelecidos nem amplamente implantados.

Entretanto, as adaptações criativas do mito – histórias, vídeos, imagens e romances que apresentam perspectivas radicalmente diferentes – são mais do que contestações individuais e levam a uma poderosa tendência cultural. Sempre foi assim; reescrever mitos com perspectivas diferentes remete à Antiguidade. Antes de Ali Smith, Spike Lee, Suzanne Collins, Mai Zetterling e Beyoncé (e Inua Ellams, Madeleine Miller, Pat Barker, Ursula K. Le Guin, Natalie Haynes, e...) houve Ésquilo, Sófocles, Eurípedes, Platão e uma horda de mitógrafos mais tardios que se deleitaram em rearrumar as histórias contadas por Homero e em outros poemas épicos, hoje perdidos.[5] A criação de mitos subversivos é um processo que envolve o passado e o presente, e todas as versões no entremeio.

O mito de Antígona é um bom exemplo. A peça de Eurípedes sobre Antígona, que não sobrevive hoje, certamente revisava a tragédia de Sófocles e permitia que ela se casasse com Hêmon e tivessem um filho homem! Críticos eruditos, com base em sumários posteriores da peça, concebem finais loucamente diferentes para Antígona e sua família. Talvez Creonte os tenha perseguido, reconhecido e matado. Talvez o herói Hércules tivesse intervindo e todos vive-

CODA: PRESENÇA DE ANTÍGONA

ram felizes para sempre, num final que permitiria a Antígona se rebelar contra o autoritarismo de Creonte *e* ter um futuro.[6] Ainda mais impactante é a probabilidade de que, na versão de Eurípedes, Hêmon tenha ajudado Antígona a enterrar o irmão. Ela não agiu sozinha. A possibilidade de Antígona ter tido colaboração é também levantada numa sofisticada adaptação moderna do mito. É um livro, não exatamente um poema, peça, romance ou artigo de jornal, mas contendo elementos de tudo isso, chamado *Antígona González*, escrito por Sara Uribe e traduzido para o inglês por John Pluecker.[7] O livro contém elementos de, e reflete sobre, Antígonas anteriores na vida, na literatura e na teoria política enquanto traça a jornada de Antígona González na busca pelo corpo do irmão "desaparecido" em Tamaulipas, no México, para lhe dar um enterro digno. Proporciona ao leitor uma noção da longa e rica tradição de usar o mito de Antígona em articulação com abusos de poder. A Antígona de Uribe cita uma ativista colombiana que tomou seu nome, ainda que remetendo a Sófocles:

> No quería ser una Antígona
> pero me tocó.
> Eu não queria ser uma Antígona
> mas me aconteceu.[8]

Ela luta contra um sistema, não contra um déspota:

> Supe que Tamaulipas era Tebas y Creonte este silencio
> amordazándolo todo.
> Vi que Tamaulipas era Tebas e Creonte este silêncio
> amordaçando tudo.

PRESENÇA DE ANTÍGONA

O livro recorre a uma longa tradição latino-americana, que identifica Polinices com os marginalizados, os separados e os perdidos.[9] Evoca as mães e os pais que a mídia norte-americana chama de imigrantes, apesar da amenidade da palavra abafar seu desespero na procura dos filhos arrancados deles pelo país que esperavam que lhes desse abrigo e que, em vez disso, tomou seus filhos.

Um refrão em Antígona Gonzáles cita Sófocles: "Você virá comigo resgatar o corpo?"[10] Mas enquanto em Sófocles a personagem Antígona faz a pergunta a sua irmã Ismênia, no livro de Sara Uribe Antígona faz a pergunta a nós, leitores. Embutido nessa pergunta atormentada há um lembrete de como o passado influencia o presente, e se é usado para apoiar ou subverter a brutalidade depende de nós. Ao contrário da tragédia de Sófocles, a Antígona de Sara Uribe insiste em um "nós", e um "nós" com poder.

Antígona está presente. Antígona e Ismênia e Hêmon estão presentes.

Somos muchos. Somos muitos.

NOTA DA AUTORA

Você não precisa conhecer os mitos gregos e romanos antes de ler este livro. Mas se quiser conhecê-los, *Mythos: As melhores histórias de heróis, deuses e titãs* (Planeta, 2018) e *Heroes: Mortals and Monsters: Quests and Adventures* (Penguin, 2019), de Stephen Fry, e *Arcadian Nights: the Greek Myths Reimagined* (Overlook Press, 2016), de John Spurling, são releituras excelentes, embora, como toda releitura, tomem deliciosas liberdades. Se preferir as versões antigas, a Penguin e a Oxford World's Classics têm traduções boas e acessíveis. Há uma matéria fascinante em *Anthology of Classical Myth: Primary Sources in Translation*, traduzido e editado por Stephen Trzaskoma, R. Scott Smith e Stephen Brunet (2ª edição, Hackett, 2004).

Os nomes das personagens são diferentes nos mitos gregos e romanos (Atenas / Minerva), e com enormes variações de grafia. Quando fiquei indo e vindo entre textos gregos a textos latinos, adotei uma só versão de cada nome. Os puristas podem não gostar, mas preferi minimizar a confusão.

AGRADECIMENTOS

Foi um prazer pesquisar e escrever este livro, e sou imensamente grata a todos os que ajudaram.

Minha editora Katy O'Donnell debateu as ideias e argumentos com perspicácia e dedicação. Eu não poderia desejar uma editora melhor ou mais empenhada. Devo muito a Brynn Warriner e seus colegas na Bold Type Books e a Kate Mueller por sua excelente edição.

Meu agente George Lucas criou a oportunidade para que eu escrevesse este livro e trouxe o #MeTu. (Gostaria de ter sido eu.) Johanna Hanink me apresentou a George e discutiu comigo as ideias deste livro desde o começo.

Meus colegas e alunos da Universidade da Califórnia, em Santa Barbara, me pressionaram a pensar a fundo na importância dos mitos.

Nos primeiros estágios de planejamento deste livro, tive conversas proveitosas com Donna Zuckerberg. Donna é editora fundadora do Eidolon, um jornal online que publica programas de estudos e jornalismo, incisivos e politicamente bem-informados, sobre interações do antigo e o moderno; seu slogan é Classics Without Fragility. Faço parte do conselho editorial e devo muito a Donna, à equipe editorial, Yung In Chae, Sarah Scullin, Tori Lee, e aos outros membros do conselho Johanna Hanink, Tara Mulder e Dan-el Padilla Peralta. Amigos e colegas generosamente leram e comentaram em detalhes os manuscritos: Johanna Hanink, John Henderson, Simon Goldhill, Sara Lindheim e Anna Uhlig. Emilio Capettini, Andrés Carrete, Mathura Umachandran, Caroline Vout e Jessica Wright comentaram capítulos individuais, e Andrés me ajudou também na pesquisa na Cidade do México. Tony Boyle, que é meu parceiro, discutiu comigo as nuances do latim de Ovídio. Todos eles aguçaram meu pensamento e me salvaram de erros; certamente não são responsáveis pelos que permaneceram. Tive também conversas educativas com Bonnie Honig, Rose MacLean e Max Rorty, que foi comigo ao concerto de Beyoncé e Jay-Z. Este livro ficou muito melhor devido às contribuições deles.

 Jennifer Louden e os participantes de seu grupo de escrita ajudaram a suavizar bastante a dureza acadêmica de meu texto e foram infalivelmente positivos quanto ao projeto.

 Minha irmã Marina Castledine leu meus manuscritos e me enviou livros para discussão. Ela, meu irmão Philip Lakka e meus amigos Sara Lindheim, Margareth Prothero, Pascale Beale, Hillary McCollum, Sue Marsh e Jennie Ransom me deram imenso apoio.

 Obrigada também a Tony e Athena Boyle por serem uma família diferente das encontradas nos mitos gregos, pelas muitas discussões apaixonadas e por acreditarem no livro. A gentileza, energia e clareza de visão de Athena e de muitos de sua geração me dão esperanças para o futuro.

NOTAS

PREFÁCIO

1. Sophocles, Antigone 471–472; Greta Thunberg citada em entrevista de Jonathan Watts para o jornal Guardian (Manchester, UK), 11 de março de 2019.
2. Ver Helen Morales, Classical Myth: A Very Short Introduction (Oxford, UK: Oxford University Press, 2007).
3. Ver George Steiner, Antigones: The Antigone Myth in Western Literature, Art and Thought (Oxford, UK: Oxford University Press, 1984); Judith Butler, Antigone's Claim (Nova York: Columbia University Press, 2000); Bonnie Honig, Antigone, Interrupted (Cambridge, UK: Cambridge University Press, 2013); os capítulos por Miriam Leonard, Simon Goldhill e Katie Fleming em Laughing with Medusa: Classical Myth and Feminist Thought, ed. Vanda Zajko e Miriam Leonard (Oxford, UK: Oxford University Press, 2006); e Fanny Söderbäck, ed., Feminist Readings of Antigone (Albany: State University of New York Press, 2010).
4. Bryan Doerries é diretor artístico da Theater of War Productions, https://theaterofwar.com/projects/antigone-in-ferguson.
5. Ralph Ellison, "On Initiation Rites and Power: Ralph Ellison Speaks at West Point", em Going to the Territory (Nova York: Random House, 1986), 39–63.Ver também o ensaio de Ellison "Going to the Territory" no

mesmo volume, 300: "It's as though a transparent overlay of archetypal myth is being placed over the life of an individual, and through him we see ourselves." Agradeço a análise de Patrice D. Rankine, Ulysses in Black: Ralph Ellison, Classicism, and African American Literature (Madison: Wisconsin University Press, 2006).

6. Ellison é especialmente interessado na construção da identidade negra. A citação é contextualizada em Rankine, Ulysses in Black, 127: "Mythology and folklore, como ficção em forma de romance, permitiu a Ellison, um escritor negro na América segregacionista, de pré-Direitos Civis, construir a identidade negra fora do enquadramento contemporâneo limitado. Embora sua abordagem tenha lhe valido muitas críticas, Ellison, através do folclore e da ficção, construiu personagens humanos cujas possibilidades transcendiam as limitações que a sociedade lhes impunha."

7. Para mais informações sobre o Odyssey Project, ver https://odyssey.projects.theaterdance.ucsb.edu/.

8. Não sabemos a data exata do texto. Pode ter sido escrito depois da Antígona de Sófocles, mas ainda que tenha sido, nos dá uma noção das ideias sobre o comportamento das mulheres por lá. Ver Rebecca Flemming e Ann Ellis Hanson, "Hippocrates' 'Peri Parthenîon' (Diseases of Young Girls): Text and Translation", Early Science and Medicine 3, no. 3 (1998): 241–252.

9. Entrevista com Greta Thunberg, CBS This Morning, CBS News, 10 de setembro de 2019, www.cbsnews.com/news/greta-thunberg-climate--change-gift-of-aspergers/. Ver também pronunciamento de Greta Thunberg "Almost Everything Is Black and White", Declaration of Rebellion, Extinction Rebellion, Parliament Square, Londres, 31 de outubro de 2018; o texto está impresso em Greta Thunberg, No One Is Too Small to Make a Difference (Nova York: Penguin, 2019), 6–13.

10. Ver Esther Eidinow e Julia Kindt, eds., "Part III: Myths? Contexts and Representations", em The Oxford Handbook of Ancient Greek Religion (Oxford, UK: Oxford University Press, 2015); e Mary Beard, John North, e Simon Price, Religions of Rome, Volume 1: A History (Cambridge, UK: Cambridge University Press, 1998). Nem todos os gregos e romanos antigos acreditavam em deuses e deusas: ver Tim Whitmarsh, Battling the Gods: Atheism in the Ancient World (Nova York: Alfred A. Knopf, 2015).

11. Sobre a recepção das tragédias gregas e outros aspectos da Antiguida-Clássica em diferentes partes do mundo, ver Betine van Zyl Smit, A Handbook to the Reception of Greek Drama (Chichester, West Sussex,

NOTAS

UK: Wiley-Blackwell, 2019); Zara Martirosova Torlone, Dana Lacourse Munteanu e Dorota Dutsch, eds., A Handbook to Classical Reception in Eastern and Central Europe (Chichester, West Sussex, UK: Wiley-Blackwell, 2001); Almut-Barbara Renger, Receptions of Greek and Roman Antiquity in East Asia (Leiden, Netherlands: Brill, 2018); Barbara Goff e Michael Simpson, Crossroads in the Black Aegean: Oedipus, Antigone, and Dramas of the African Diaspora (Oxford, UK: Oxford University Press, 2008); e Kathryn Bosher, Fiona Macintosh, Justine McConnell e Patrice Rankine, eds., The Oxford Handbook of Greek Drama in the Americas (Oxford, UK: Oxford University Press, 2015).

12. Ver Donna Zuckerberg, Not All Dead White Men: Classics and Misogyny in the Digital Age (Cambridge, MA: Harvard University Press, 2018); Alex Scobie, Hitler's State Architecture: The Impact of Classical Antiquity (Philadelphia: Penn State University Press, 1990); Thomas E. Jenkins, Antiquity Now: The Classical World in the Contemporary American Imagination (Cambridge, UK: Cambridge University Press, 2015); Simon Goldhill, Love, Sex, & Tragedy: How the Ancient World Shapes Our Lives (Londres: John Murray, 2004); Kostas Vlassopoulos, Politics: Antiquity and Its Legacy (Londres: I. B. Tauris, 2015); Page DuBois, Slavery: Antiquity and Its Legacy (Londres: I. B. Tauris, 2010); Jared Hickman, Black Prometheus: Race and Radicalism in the Age of Atlantic Slavery (Oxford, UK: Oxford University Press, 2017); e Edith Hall e Henry Stead, A People's History of Classics: Class and Greco-Roman Antiquity in Britain 1689 to 1939 (Londres: Routledge, 2020).

13. Neville Morley, Classics Why It Matters (Cambridge, UK: Polity Press, 2018), 91.

14. Sobre "rastrear as origens", ver Emily Greenwood, Afro-Greeks: Dialogues between Anglophone Caribbean Literature and Classics in the Twentieth Century (Oxford, UK: Oxford University Press, 2010).

CAPÍTULO 1 - MATANDO AMAZONAS

1. Na Antiguidade, o território chamado Cítia, mudou; para mais informações, ver Adrienne Mayor, The Amazons (Princeton, NJ: Princeton University Press, 2014), 34–51.
2. Antianeirai ("equivalentes aos homens") em Homero, Ilíada 3.189 e 6.186.
3. Diodorus Siculus em Mayor, The Amazons, 253.

4. Para as diferentes versões do mito e detalhes das fontes antigas, ver Marco Fantuzzi, Achilles in Love: Intertextual Studies (Oxford, UK: Oxford University Press, 2012), 279-286; e Simon Goldhill, "Preposterous Poetics and the Erotics of Death", EuGeStA, no. 5 (2015): 154-177. O poema de Robert Graves "Penthesileia" descreve como Aquiles "for love of that fierce white corpse / Necrophily on her commits", em Michael Longley, ed., Robert Graves: Selected Poems (Londres: Faber and Faber, 2013).
5. Mary Beard, Women & Power: A Manifesto (Nova York: Liveright, 2017), 62.
6. Joseph Serna, Kate Mather e Amanda Covarrubias, "Elliott Rodger, a Quiet, Troubled Loner Plotted Rampage for Months", Los Angeles Times, 19 de fevereiro de 2015. Essa linguagem solidária era comum nos relatos. Ver também "the lovelorn loner" em Bonnie Robinson, Larry McShane, Rich Schapiro e Nicole Hensley, "Santa Barbara Killer Elliot Rodger, Son of Hollywood Director, Vowed to 'Slaughter' Women Who Rejected Him", Daily News (Nova York), 27 de maio de 2014.
7. Kate Manne, Down Girl: The Logic of Misogyny (Oxford, UK: Oxford University Press, 2018).
8. Manne, Down Girl, 19 (as aspas são minhas).
9. Ibid., 63 (itálicos no original).
10. "Manless", Aeschylus, Suppliant Women, 287-289. As amazonas raramente se casavam. Sobre a Amazona Atalanta sendo levada ao casamento, ver Mayor, The Amazons, 1-13.
11. Ele sugere um meio diferente de controlar o comportamento sexual das mulheres num epílogo de seu manifesto: erradicá-las, exceto umas poucas a serem mantidas em laboratórios para fins de reprodução.
12. Citado em Nellie Bowles, "Jordan Peterson, Custodian of the Patriarchy", New York Times, 18 de maio de 2018.
13. Euripides, Herakles, e Hyginus, Fabulae, 32. Em algumas versões do mito, Hércules mata seus filhos, mas não sua esposa. Ver Pseudo-Apollodorus, Bibliotheca 2.4.12.
14. Sobre o manifesto, ver Sasha Weiss, "The Power of #YesAllWomen", New Yorker, 26 de maio de 2014: "As fantasias de Rodger são tão absolutamente estranhas e tão extremas que são facilmente descartadas como simples loucura. Mas lendo seu manifesto, podem-se ver, através das distorções de sua mente raivosa, os contornos dos valores culturais americanos vigentes: Beleza e força são recompensadas. As mulheres são prêmios a serem conquistados, reflexos do capital social do homem. Riqueza, uma

NOTAS

bela casa e fama são as maiores realizações. Os solitários e os pobres são invisíveis. Rodger era mais louco e mais violento que a maioria, mas suas crenças estão em continuidade com as ideias misóginas, classistas, que são mantidas por muitos."

15. Ver Jesse Klein, "Teaching Her a Lesson: Media Misses Boys' Rage Relating to Girls in School Shootings", Crime Media Culture 1, no. 1 (2005): 90–97.
16. Strabo, Geography 11.5.3.
17. As sufragistas acreditavam que as amazonas existiram mesmo. Elizabeth Cady Stanton explicou em 1891: "O período da supremacia das mulheres durou muitos séculos – incontestado, aceito como natural e apropriado onde quer que existisse, e era chamado de matriarcado, ou idade-mãe", em "The Matriarchate, or Mother-Age" (1891), reimpresso em Elizabeth Cady Stanton, Feminist as Thinker: A Reader in Documents and Essays, ed. Ellen DuBois e Richard Candida Smith (Nova York: New York University Press, 2007), 268, citado em Jill Lepore, The Secret History of Wonder Woman (Nova York: Alfred A. Knopf, 2014), 16.
18. O narrador apresenta Mulher Maravilha em All Star Comics #8, escrito por William Moulton Marston: "Ela serve de símbolo de integridade e humanidade, para que o mundo dos homens saiba o que significa ser uma amazona."
19. A tradução do francês citada no verbete da Wikipedia de Marc Lépine, com um link para a transcrição do texto original.
20. "Educação" para Boko Haram tem conotações de educação secular ocidental.
21. Amanda Hess, "A Thot Is Not a Slut: The Popular Insult Is More about Race and Class Than Sex", Slate, 16 de outubro de 2014, https://slate.com/human-interest/2014/10/a-thot-is-not-a-slut-on-popular-slurs-race-class-and-sex.html.
22. Keith Hamm, "San Marcos High School Chat Room Participant Convicted", Santa Barbara Independent, 3 de outubro de 2018. Ver também Kacey Drescher, "Disturbing video threatening several Santa Barbara area students leaves parents shaken up", KEYT-TV, ABC, 24 de janeiro de 2018, atualizado em 30 de janeiro de 2018.
23. Keith Hamm, "San Marcos Parents Spar with School District in Wake of Violent Video", Santa Barbara Independent, 8 de fevereiro de 2018.
24. Keith Hamm, "San Marcos Video Threat Lands in Juvenile Court", Santa Barbara Independent, 10 de maio de 2018.

PRESENÇA DE ANTÍGONA

CAPÍTULO 2 - OU PAZ, OU NADA!

1. A peça foi apresentada pela primeira vez em 411 a.C.
2. Para uma introdução geral a Aristófanes, ver Paul Cartledge, Aristophanes and His Theatre of the Absurd (Bristol Classical Press, 1991).
3. Flickorna (The Girls), dirigida por Mai Zetterling, escrita por Mai Zetterling e David Hughes (Suécia: Sandrew Film & Teater, 1968).
4. Originalmente parte de uma trilogia de peças situadas na base da RAF e da USAF em Greenham Common, Berkshire, UK: Tony Harrison as imaginou representadas pelas mulheres do campo de paz. A trilogia nunca foi apresentada. A Parte 1, Lisístrata, foi publicada primeiro em Harrison, "The Common Chorus", Agni, no. 27 (1988): 225–304. Depois foi publicada como The Common Chorus: A Version of Aristophanes' Lysistrata (Londres: Faber and Faber, 1992).
5. Apresentada pela primeira vez em 1999 pelo Battersea Arts Centre, Londres, em associação com a Steam Industry, e publicada em 2011 como Lysistrata – The Sex Strike por Germaine Greer, com diálogo adicional de Phil Willmott (Londres: Samuel French).
6. Os fundadores foram Kathryn Blume e Sharron Bower. Ver Dorota Dutsch, "Democratic Appropriations and Political Activism", em K. Bosher, J. McConnell, F. Macintosh, e P. Rankine, ed., The Oxford Handbook of Greek Drama in the Americas (Oxford, UK: Oxford University Press, 2015), 575–594.
7. Maureen Shaw, "History Shows That Sex Strikes Are a Surprisingly Effective Strategy for Political Change", Quartz, 14 de abril de 2017, https://qz.com/958346/history-shows-that-sex-strikes-are-a-surprisingly-effective-strategy-for-political-change/.
8. Alyssa Milano e Waleisah Wilson, "Alyssa Milano: Why the Time Is Now for a #SexStrike", CNN, 13 de maio de 2019, www.cnn.com/2019/05/13/opinions/alyssa-milano-sex-strike-now/index.html.
9. Coautoria de Spike Lee e Kevin Willmott. Ver Helen Morales, "(Sex) Striking Out: Spike Lee's Chi-Raq", Eidolon, 17 de dezembro de 2015.
   * No original: *In the year 411BC – that's before baby Jesus / y'all – the great Aristophanes penned a play / satirizing his day / and in the style of his time / 'stophanes made that shit rhyme. / That's why today we retain his verse / To show our love for the universe. But warning – you gonna see some PAIN.* (N. da T.)
10. Linhas 149–154.

NOTAS

11. Jericho Parms, "Pray the Devil Back to Hell", Huffington Post, 13 de novembro de 2008, www.huffingtonpost.com/Jericho-parms/empray-the-devil-back-to-b-143734.html; e R. Weinrich, "Pray the Devil Back to Hell", Gossip Central, 11 de novembro de 2008, www.gossipcentral.com /gossip_central/2008/11pray-the-devil-back-to-hell.html. Para outros exemplos e mais discussões, ver Helen Morales, "Aristophanes' Lysistrata, The Liberian 'Sex Strike', and the Politics of Reception", Greece and Rome 60, no. 2 (2013): 281–295.
12. Leymah Gbowee, "It's Time to End Africa's Mass Rape Tragedy", Daily Beast, 15 de abril de 2010, atualizado em 14 de julho de 2017, www.thedailybeast.com/its-time-to-end-africas-mass-rape-tragedy.
13. Leymah Gbowee, Mighty Be Our Powers: How Sisterhood, Prayer, and Sex Changed a Nation at War (Nova York: Beast Books, 2011), 147. Ver mais em Joanna Kenty, "Lysistrata in Liberia. Reading Aristophanes's Lysistrata with Leymah Gbowee's memoir Mighty Be Our Powers", Eidolon, 27 de julho de 2015.
14. O Accra Comprehensive Peace Agreement foi assinado em 18 de agosto de 2003.
15. E. Montes, "Colombia's 'Crossed Legs' Protest Is Redefining Women's Activism", Guardian (Manchester, UK), 1 de agosto de 2011.
16. "And so, like modern day Lysistratas, the women of Barbacoas banned sex from the town": Montes, "Colombia's 'Crossed Legs' Protest Is Redefining Women's Activism." Ver também Lola Adesioye, "Kenya Stages a Latter-day Lysistrata", Guardian (Manchester, UK), 1 de maio de 2009; e Beatrice Dupuy, "Kenyan Women Hold Sex Strike to Get Their Husbands to Vote Their Candidate", Newsweek, 23 de outubro de 2017: "[Politician Raila] Odinga supported the modern-day Lysistrata strategy" (a respeito de uma conclamação para a greve de sexo no Quênia em 2017).
17. Donna Zuckerberg, "Sex Strikes Have Always Been about Patriarchal Power, Not Women's Rights", Washington Post, 17 de maio de 2019.
18. Gbowee, Mighty Be Our Powers, 147.
19. Essa versão do mito de Édipo encontra-se na tragédia Édipo, de Sêneca. Um personagem do filme também é chamado Édipo, mas Chi-Raq é quem realmente faz o papel do trágico rei. Ver mais em Casey Dué Hackney, "Get in Formation, This Is an Emergency: The Politics of Choral Song and Dance in Aristophanes' Lysistrata and Spike Lee's Chi-Raq", Arion 24 (2016): 111–144.

20. Omiti algumas linhas que mencionam pessoas das colônias também se reunindo.
21. Linha 488.
22. Cinzia Arruzza, Tithi Bhattacharya e Nancy Fraser, Feminism for the 99%: A Manifesto (Nova York: Verso, 2019), 7 (aspas no original).

CAPÍTULO 3 - DIETA COM HIPÓCRATES

1. E. M. E. Poskitt, Practical Paediatric Nutrition (Essex, UK: Butterworths, 1988), 282.
2. Ver Susan E. Hill, Eating to Excess: The Meaning of Gluttony and the Fat Body in the Ancient World (Santa Barbara, CA: Praeger, 2011); Christopher E. Forth, Fat: A Cultural History of the Stuff of Life (Londres: Reaktion Books, 2019). O artigo de Christian Laes "Writing the History of Fatness and Thinness in Graeco-Roman Antiquity" é importante, mas às vezes tira conclusões precipitadas: Medicina nei Secoli Arte e Scienza 28, no. 2 (2016): 583–658. Um artigo importante sobre o tema é de Mark Bradley, "Obesity, Corpulence and Emaciation in Roman Art", Papers of the British School at Rome 79 (2011): 1–41.
3. Hipócrates, Prorrhetic 2.24.
4. Hipócrates, Regimen in Health 4.
5. Aphorisms 2.44.
6. Como argumentei em outro lugar com relação à controversa citação de Virgílio no monumento ao 11/9 em Nova York: David W. Dunlap, "A Memorial Inscription's Grim Origins", New York Times, 2 de abril de 2014, www.nytimes.com/2014/04/03/nyregion/an-inscription-taken-out-of-poetic-context-and-placed-on-a-9-11-memorial.html?_r=0.
7. Roxane Gay, Hunger: A Memoir of (My) Body (Nova York: Harper Perennial, 2017), 137.
8. Chris Parr, "Sensitivity Training for Obesity Tweet Professor", The World University Rankings, 7 de agosto de 2013, www.timeshighereducation.co.uk/news/sensitivity-training-for-obesity-tweet-professor/2006382.article. Para os acadêmicos, há consequências maiores além de serem desmoralizados. Uma pesquisa sobre professoras gordas concluiu que elas se sentem compelidas a exagerar no desempenho para contrapor e compensar a percepção de que, porque são gordas, devem ser preguiçosas: Christina Fisanick, "'They Are Weighted with Authority': Fat Female Professors in

NOTAS

Academic and Popular Cultures", *Feminist Teacher* 17, no. 3 (2007): 237-255.
9. Bradley, "Obesity, Corpulence and Emaciation in Roman Art".
10. *Chicago Tribune*, 15 de fevereiro de 1916. Ver mais em Ella Morton, "100 Years Ago, American Women Competed in Intense Venus de Milo Lookalike Contests", *Atlas Obscura*, 15 de janeiro de 2016. Uma notícia no "Intercollegiate Notes", jornal dos estudantes do Trinity College, publica: "Foi dito que as meninas do Swarthmore têm em média medidas muito mais aproximadas das medidas da Vênus de Milo do que as meninas do Wellesley, a não ser no tornozelo, que Wellesley está a três décimos de polegada da perfeição. Swarthmore afirma que tem uma Vênus individual, Miss Margaret Willets, de Trenton, N.J., que coincide tão aproximadamente em todos os detalhes com as medidas da famosa estátua que a diferença é desprezível." *Trinity Tripod* 7, no. 37 (3 de março de 1916).
11. Suas medidas foram divulgadas em Jane Dixon, "Being a Modern Venus de Milo Has Its Disadvantages", *Sun* (Nova York), 5 de março de 1916, https://chroniclingamerica.loc.gov/data/batches/nn_gleason_ver02/data/sn83030272/00206534990/1916030501/0381.pdf.
12. Ver Margaret Justus, "Classical Antiquities at Wellesley College", Wellesley College Digital Scholarship and Archive, 2017, http://scalar.usc.edu/works/classical-antiquities-at-wellesley-college/index.
13. As fichas de medidas e outras informações podem ser encontradas na exposição online Building the Perfect Student Body at the Peabody Museum of Archaeology and Ethnology at Harvard University, www.peabody.harvard.edu/typicalamericans. Ver também Bruce L. Bennett, "Dudley Allen Sargent: The Man and His Philosophy", *Journal of Physical Education, Recreation & Dance* 55, no. 9 (1984): 61-64.
14. Cícero, *On 'Invention'* 2.1.1; Pliny, *Natural History* 35.36; e Elizabeth Mansfield, *Too Beautiful to Picture: Zeuxis, Myth, and Mimesis* (Minneapolis: University of Minnesota Press, 2007).
15. A história é contada pelo gramático romano Festus; ver Adolphe Reinach, *Textes Grecs et Latins: Relatifs à l'histoire de la peinture ancienne* (Paris: Macon, 1921). Ver a reedição: Reinach, *Textes Grecs et Latins* (Chicago: Ares, 1981), p. 192, no. 211, no verbete "Pictor".
16. Por que a Vênus de Milo é um ideal de beleza enquanto mulheres sem braços são geralmente objetos de horror e pena é discutido por Lennard J. Davis, "Visualizing the Disabled Body: The Classical Nude and the

Fragmented Torso", cap. 6 em Enforcing Normalcy: Disability, Deafness, and the Body (Nova York: Verso, 1995).

17. Alison Lapper Pregnant ficou exposta no Fourth Plinth na Trafalgar Square, em Londres, de 2005 to 2007. A própria Lapper conta que a Vênus de Milo foi uma inspiração para sua vida e seu trabalho em suas memórias My Life in My Hands (Londres: Simon e Schuster, 2005).

18. "Sorrows of the Fat" é citado e discutido em Sabrina Strings, Fearing the Black Body: The Racial Origins of Fat Phobia (Nova York: New York University Press, 2019), 142–145.

19. Strings, Fearing the Black Body, 211. Ver também Christopher E. Forth, Fat: A Cultural History of the Stuff of Life (Londres: Reaktion Books, 2019), especialmente "Savage Desires: 'Primitive' Fat and 'Civilized' Slenderness", 207–235; e Sander L. Gilman, Fat: A Cultural History of Obesity (Cambridge, UK: Polity Press, 2008).

20. Na Grécia antiga, porém, a maciez física era um meio de estabelecer diferenças culturais e geográficas. Acreditava-se que homens com corpo macio tinham a moral flácida e o ambiente tinha a função de determinar ambos. No texto hipocrático Airs, Waters, Places, vemos os cíntios, um povo nômade da Eurásia Central, descritos em termos que ligam o ambiente à sua falta de rigidez física: "For neither bodily nor mental endurance is possible where the [seasonal] changes are not violent. For these causes their physiques are gross, fleshy, showing no joints, moist and flabby." Ver Hippocrates, Volume 1: Ancient Medicine; Airs, Waters, Places, trad. W. H. S. Jones (Cambridge, MA: Harvard University Press, 1923), 123–137. A maciez e flacidez dos cíntios contrastam com o ideal grego de força e rijeza. Ainda que diferenças físicas não sejam usadas para inscrever diferenças raciais em nosso moderno entendimento de raças, alguns modos de pensar que justificam o racismo moderno (o pensamento de "eles e nós" e a atribuição de caráter moral a qualidades físicas e geográficas) certamente remontam à Antiguidade, principalmente durante e após as guerras greco-persas. Ver mais em Forth, Fat, especialmente 70–75. De modo mais geral sobre as construções de raça na Antiguidade e seu impacto no mundo moderno, ver Denise Eileen McCoskey, Race: Antiquity and Its Legacy (Londres: I. B. Tauris, 2012).

21. Ver Linda Bacon, Health at Every Size: The Surprising Truth about Your Weight (Dallas, TX: BenBella Books, 2010); e Linda Bacon e Lucy Aphramor, Body Respect: What Conventional Health Books Get Wrong, Leave Out, and Just Plain Fail to Understand about Weight (Dallas, TX:

NOTAS

BenBella Books, 2016). A especialista em fitness e ativista em gordura Ragen Chastain discute como estudos científicos frequentemente tratam a correlação como se fosse a causa; ver Chastain, "Correlation Is Killing Us", Dances with Fat, July 20, 2011, https://danceswithfat.wordpress.com/2011/07/20/correlation-is-killing-us/.

22. Citado em Laura Fraser, "My Sister's Cancer Might Have Been Diagnosed Sooner – if Doctors Could Have Seen Beyond Her Weight", STAT, 15 de agosto de 2017, www.statnews.com/2017/08/15/cancer-diagnosis-weight-doctors/.
23. Obituário de Ellen Maud Bennett, Legacy.com, www.legacy.com/obituaries/timescolonist/obituary.aspx?n=ellen-maud-bennett&pid=189588876.
24. Hipócrates, Epidemics 1.
25. Carl J. Lavie, Richard V. Milani, e Hector O. Ventura, "Obesity and Cardiovascular Disease: Risk Factor, Paradox, and the Impact of Weight Loss", Journal of the American College of Cardiology 53, no. 1 (2001): 1925–1932.
26. www.intuitiveeating.org.
27. Aristóteles, Nicomachean Ethics 1118b19–1118b21ff. 28. Para um brilhante e ardente relato, ver Gay, Hunger. Para uma discussão abrangente sobre por que as pessoas se tornam gordas, ver Anthony Warner, The Truth about Fat (Londres: Oneworld, 2019). Pesquisas acadêmicas incluem Mark F. Schwartz e Leigh Cohn, ed., Sexual Abuse and Eating Disorders (Bristol, PA: Brunner/Mazel, 1996); e Linda Smolak e Sarah K. Murnen, "A Meta-analytic Examination of the Relationship between Sexual Abuse and Eating Disorders", International Journal of Eating Disorders 31, no. 2 (2002): 136–150.
28. Para F. Schwartz e Leigh Cohn, ed., Sexual Abuse and Eating Disorders (Bristol, PA: Brunner/Mazel, 1996); e Linda Smolak e Sarah K. Murnen, "A Meta-analytic Examination of the Relationship between Sexual Abuse and Eating Disorders", International Journal of Eating Disorders 31, no. 2 (2002): 136–150.

CAPÍTULO 4 - OS CONTROLADORES DE MULHERES

1. Ver Kayla Lattimore, "When Black Hair Violates the Dress Code", NPR, July 17, 2017; e Nadra Nittle, "It's Time to Stop Hair-Policing Children of

Color", Racked, May 25, 2017, www.racked .com/2017/5/25/15685456/hair-policing-schools-braids-afros.
2. Julie Rasicot, "Why Do Teen Girls Dress the Way They Do?", Bethesda Magazine, 1 de dezembro de 2008, www.bethesdamagazine.com/Bethesda-Magazine/November-December-2008/Why-Do-Teen-Girls-Dress-the-Way-They-Do/.
3. Ver também Sarah Bond, "What Not to Wear: A Short History of Regulating Female Dress from Ancient Sparta to the Burkini", Forbes, 31 de agosto de 2016.
4. Ver também em Daniel Ogden, "Controlling Women's Dress: gynaikonomoi", em ed. Lloyd Llewellyn-Jones, Women's Dress in the Ancient Greek World (Londres: Duckworth, 2002).
5. Athenaeus, Deipnosophistae 521b; Phylarchus, FGrH 81 F54.
6. Anise K. Strong, Prostitutes and Matrons in the Roman World (Cambridge, UK: Cambridge University Press, 2016), 22.
7. Cícero, Tusculan Disputations 4.6.
8. Ville Vuolanto, "Lex Oppia", in Oxford Classical Dictionary online, fevereiro de 2019. Esse artigo traz detalhes dos textos antigos que discutem a Lei Ópia, como os acadêmicos a interpretaram, e biografia.
9. Vuolanto, "Lex Oppia".
10. Segundo Livy, History of Rome 34.1., Ovídio sugere um protesto mais brutal: as próprias grávidas se esfaqueiam para induzir o aborto (Fasti 617–624). Ver também Plutarco, Roman Questions 6.
11. Claro que o repúdio à Lei Ópia também beneficiou famílias de elite que estavam em posição de acumular riquezas; havia mais de um motivo para a lei ser repudiada.
12. Deanna J. Glickman, "Fashioning Children: Gender Restrictive Dress Codes as an Entry Point for the Trans* School to Prison Pipeline", Journal of Gender, Social Policy and the Law 24, no. 2 (abril 2016): 263–284. Ver também Artika R. Tyner, "The Emergence of the School-to Prison Pipeline", American Bar Association, 15 de agosto de 2017, www.americanbar.org/groups/gpsolo/publications/gpsolo_ereport/2014/june_2014/the_emergence_of_the_school-to-prison_pipeline/; e NWLC, Dress Coded: Black Girls, Bodies, and Bias in DC Schools (report), National Women's Law Center, 2018, https://nwlc.org/resources/dresscoded/.
13. Kate Snyder, "Educators Weigh in on Ending School to Prison Pipeline for Girls of Color", National Education Association, 29 de agosto de 2017, educationvotes.nea.org. O artigo contém links para um mapa inte-

NOTAS

rativo que permite ver as taxas de suspensão de meninas de cor (negras, latinas e nativo-americanas) em comparação com meninas brancas por estado e distrito em 2015-2016.

14. Sufiya Ahmed, "Mayim Bialik, if You Think Modest Clothing Protects You from Sexual Harassment, You Need to Listen to These Muslim Women", Independent (Londres), 17 de outubro de 2017.
15. Cindy Davis, "Here We Go Again: North Dakota School Bans Girls from Wearing Pants So Teachers and Boys Won't Be Distracted", Pajiba, 3 de outubro de 2014.
16. O código de roupas completo pode ser encontrado em www.eths.k12.il.us//cms /lib/IL01903927/Centricity/Domain/311/ETHS Student Dress Code Sec11 8-22-2017.pdf.
17. The Bacchae, por Eurípedes, dirigido por John Tiffany, Kings Theatre, Edimburgo, Escócia, 2007.
18. The Bacchae, por Eurípedes, dirigido por John Tiffany, Kings Theatre, Edimburgo, Escócia, 2007.
19. Euripides, Bacchae 228 em David Kovacs, ed. e trad., Bacchae, Iphigenia at Aulis, Rhesus (Cambridge, MA: Harvard University Press, 2003).
20. Ibid., 1134.

CAPÍTULO 5 - #METOO / #EUTAMBÉM

1. Ovidio, Metamorphoses 1.548–552.
2. Sobre os nomes das luas galileanas, ver "Jupiter Moons", NASA Science: Solar System Exploration, https://solarsystem.nasa.gov/moons/jupiter-moons/in-depth/. Luas de Júpiter descobertas recentemente ainda têm nomes de figuras de mitos gregos e romanos, mas nomes de filhos e netos dos deuses e não de suas vítimas: "The Results Are In! Jovian Moon-Naming Contest Winners Announced", Carnegie Science, August 23, 2019, https://carnegiescience.edu/news/results-are-jovian-moon-naming-contest-winners-announced.
3. Ovídio, Metamorphoses 1.545–547.
4. Ver Bettany Hughes, Helen of Troy: The Story Behind the Most Beautiful Woman in the World (Nova York: Vintage Books, 2005); Ruby Blondell, Helen of Troy: Beauty, Myth, Devastation (Nova York: Oxford University Press, 2013); e Helen Morales, "Rape, Violence, Complicity: Colluthus's Abduction of Helen", Arethusa 49, no. 1 (inverno de 2016): 61–92.

5. A pesquisa Department of Justice National Crime Victimization Survey publicada em 2017 (com dados reunidos em 2010-2016) informa que apenas 230 em cada 1.000 ataques sexuais são denunciados à polícia, e destes, 46 levam a detenção e 4,6 resultam em condenação e prisão. www.rainn.org/statistics/criminal-justice-system.
6. Ver Mike Vilensky, "Schools Out at Columbia, but a Debate over Trigger Warnings Continues", Wall Street Journal, 1 de julho de 2015.
7. Ver Amy Richlin, "Reading Ovid's Rapes", em Arguments with Silence: Writing the History of Roman Women (Oxford, UK: Oxford University Press, 2014), 130-165.
8. Em Ovídio, as vítimas são tipicamente, mas nem sempre, mulheres; ver Richlin, "Reading Ovid's Rapes".
9. Ver Judith Lewis Herman, Trauma and Recovery: The Aftermath of Violence – from Domestic Abuse to Political Terror (Nova York: Basic Books, 1992), 99 –103, 110, 111; e Kathleen Kendall-Tackett and Bridget Klest, eds., Trauma, Dissociation and Health: Causal Mechanisms and Multidimensional Pathways (Londres: Routledge, 2009). Germaine Greer cita um estudo sueco (publicado em Acta Obstretricia et Gynecologica Scandinavica, maio de 2018), que mostra "como é 'normal' as vítimas de ataque sexual sofrerem uma paralisia temporária que as impede de resistir e de gritar. Os pesquisadores falaram com quase 300 mulheres que recorreram a atendimento de emergência em Estocolmo dentro de um mês após o estupro ou tentativa de estupro. Setenta por cento das mulheres disseram que tiveram uma 'imobilidade tônica', ou paralisia involuntária, significativa, durante o ataque": Greer, On Rape (Londres: Bloomsbury, 2018), 41-42.
10. Relatado por Ovídio em Metamorphoses 6.412-674. Sobre esse episódio, ver Ingo Gildenhard e Andrew Zissos, "Barbarian Variations: Tereus, Procne and Philomela in Ovid (Met. 6.412-674) and Beyond", Dictynna 4 (2007), http://journals.openedition.org/dictynna/150.
11. Ovídio, Metamorphoses 6.455-457. Mesmo na rara ocasião em que Ovídio se deteve na descrição de pensamentos e motivações do estuprador, o foco da obsessão do homem foi a aparência, as palavras, a voz e a virtude da mulher: Tarquinius's rape of Lucretia (Ovid, Fasti 2.761-812).
12. Ovídio faz Tereu se transformar num estorninho, mas em versões anteriores do mito ele se torna um falcão: ver P. M. C. Forbes-Irving, Metamorphosis in Greek Myths (Oxford, UK: Oxford University Press, 1990), 99-107.

NOTAS

13. Como demonstrado em Ronan Farrow, Catch and Kill: Lies, Spies, and a Conspiracy to Protect Predators (Nova York: Little, Brown, 2019).
14. Ver Giulia Lamoni, "Philomela as Metaphor: Sexuality, Pornography, and Seduction in the Textile Works of Tracey Emin and Ghada Amer", em ed. Isabelle Loring Wallace e Jennie Hirsh, Contemporary Art and Classical Myth (Londres: Routledge, 2011), 175–198.
15. Apontado também por Stephanie McCarter, "From Penelope to Pussyhats, The Ancient Origins of Feminist Craftivism", Literary Hub, 2 de junho de 2017. O Pussyhat Project foi criticado por excluir mulheres trans e de cor: ver Julie Compton, "Pink 'Pussyhat' Creator Addresses Criticism over Name", NBC News online, 7 de fevereiro de 2017. Também relevante é o site de tricô Ravelry, que retirou o apoio ao presidente Trump em seu site por seu apoio à supremacia branca: Stephanie Convery, "'White Supremacy': Popular Knitting Website Ravelry Bans Support for Trump", Guardian (Manchester, UK), June 23, 2019.
16. Ovídio, Metamorphoses 5.415–417.
17. Ibid., 425–427.
18. Sobre Iambe, ver Ann Suter, "The Anasyrma: Baubo, Medusa, and the Gendering of Obscenity", em ed. Dorota Dutsch e Ann Suter, Ancient Obscenities: Their Nature and Use in the Ancient Greek and Roman Worlds (Ann Arbor: University of Michigan Press, 2015), 21–43. Sobre o Hino Homérico a Deméter, ver Helene P. Foley, ed., The Homeric Hymn to Demeter: Translation, Commentary, and Interpretative Essays (Princeton, NJ: Princeton University Press, 1994).
19. Fotos publicadas exclusivamente no jornal London Daily Mail, 10 de novembro de 2015, atualizado em 10 de novembro de 2016, www.dailymail.co.uk/news/article-3303819/Inside-Donald-Trump-s-100m-penthouse-lots-marble-gold-rimmed-cups-son-s-toy-personalized-Mercedes-15-000-book-risqu-statues.html.
20. A decoração é geralmente atribuída a Angelo Donghia, mas Chuck Chewning, diretor de criação da Donghia, Inc. durante oito anos, sugeriu que um "decorador de cassino", desconhecido, teve maior atuação no resultado final: citado em Jesse Kornbluth, "Before the Goldrush", BuzzFeed, January 16, 2017.
21. Dois exemplos dessa metáfora muito usada: "Nas últimas décadas do século XX, a política federal sobre terras do governo foi duramente criticada por desmatamento de florestas virgens, e por priorizar o comércio madeireiro às custas de importantes habitats florestais" de Bruce Huber,

"The US Public Lands as Commons", em ed. Blake Hudson, Jonathan Rosenbloom, e Dan Cole, Routledge Handbook of the Study of the Commons (Londres: Routledge, 2019), 135–143; "As pessoas estão aqui para proteger a Mãe Terra contra o ataque e a destruição... Precisamos honrar, respeitar e amar nossa Mãe por nos dar vida, terras, um ao outro e a nós mesmos", de Jessica Montoya, "Rising in Solidarity against the Exploitation of Mother Earth by the Dakota Access Pipeline", One Billion Rising Revolution, 6 de setembro de 2016, www.onebillionrising.org/37522/37522/.

22. Como as ecofeministas observaram: Tzeporah Berman, "The Rape of Mother Nature? Women in the Language of Environmental Discourse", em ed. Alwin Fill e Peter Mühlhäusler, The Ecolinguistics Reader: Language, Ecology, and the Environment (Londres e Nova York: Continuum, 2001), 258–269. Um artigo na Scientific American conclui que, nos Estados Unidos, há uma considerável lacuna entre gêneros sobre a mudança climática e que muitos homens consideram o ativismo na mudança climática como uma atividade feminina: Aaron R. Brough e James E. B. Wilkie, "Men Resist Green Behavior as Unmanly", Scientific American, 26 de dezembro de 2017, www.scientificamerican.com/article/men-resist-green-behavior-as-unmanly/.

23. Ovídio, Metamorphoses 1.566–567. Há uma certa ambiguidade nessas linhas, mas a palavra latina *adnuit* significa tipicamente "assentir com um gesto" e não simplesmente "o gesto de assentir".

24. Como Jill Da Silva observa em "Ecocriticism and Myth: The Case of Erysichthon", Interdisciplinary Studies in Literature and the Environment 15, no. 2 (1 de julho de 2008): 103–116.

25. Juan C. Rocha, Garry Peterson, Örjan Bodin, e Simon Levin, "Cascading Regime Shifts within and across Scales", Science 362, no. 6421 (2018): 1379–1383.

26. Em 2017 apenas, segundo o Observatório do Clima, uma organização brasileira sem fins lucrativos sobre mudança climática, 46% das emissões de gás do efeito estufa foram causadas por desmatamento da Amazônia: Dom Phillips, "Brazil Records Worst Annual Deforestation for a Decade", Guardian (Manchester, UK), 23 de novembro de 2018

27. "Climate Change Is Making Wildfires More Extreme. Here's How", PBS News Hour, 6 de agosto de 2018; "Climate Change Is Creating Catastrophic Wildfires", World Economic Forum, weforum.org/agenda/2019/05/the-vicious-climate-wildfire-cycle; and "Wildfires and Climate Chan-

NOTAS

ge: What's the Connection?", Yale Climate Connections, www.yaleclimateconnections.org/2019/07/wildfires-and-climate-change-whats-the-connection/.

28. Iowa tem 400 milhas quadradas; a área destruída foi de 440 milhas quadradas. Ver mais sobre o incêndio Thomas Fire em https://en.wikipedia.org/wiki/Thomas_Fire.

CAPÍTULO 6 - DIANA, A CAÇADORA DE MOTORISTAS DE ÔNIBUS

1. Ver Stephanie Lynn Budin, Artemis (Londres: Routledge, 2016); e Tobias Fischer-Hansen e Birte Poulsen, eds., From Artemis to Diana: The Goddess of Man and Beast. Acta Hyperborea (Copenhague, Dinamarca: Museum Tusculanum Press, 2009), 12. No Crátilo, de Platão, o nome Ártemis está ligado à palavra grega *artemes*, que significa "a salvo, protegida" ou "desarmada".
2. Ver o Hino Homérico a Delian Apolo.
3. Callimachus, Hymn 3: To Artemis.
4. Katniss Everdeen é parte Diana, parte Amazona. Ver Beverly J. Graf, "Arya, Katniss, and Merida: Empowering Girls through the Amazonian Archetype", em ed. Monica S. Cyrino e Meredith E. Safran, Classical Myth on Screen (Nova York: Macmillan, 2015), 73–82; e Helen Eastman, "Young Female Heroes from Sophocles to the Twenty-First Century", em ed. Justine McConnell e Edith Hall, Ancient Greek Myth in World Fiction since 1989 (Londres: Bloomsbury, 2016), 211–224. Mais sobre mitos gregos como inspiração para Jogos Vorazes, ver David Levithan, "Q&A: Suzanne Collins Talks about 'The Hunger Games', the Books and the Movies", New York Times, 18 de outubro de 2018.
5. Ovídio, Metamorphoses 3.165–205.
6. Red Mesa de Muheres Juarez, www.mesademujeresjuarez.org/. Ver também Marti Quintana, "Mexican Women Take Action against a Growing Number of Femicides", EFE-EPA, 18 de agosto de 2019; e Michelle Lara Olmos, "Ni Una Más: Femicides in Mexico", Justice in Mexico, 4 de abril de 2018, https://justiceinmexico.org/femicidesinmexico/; e Patricia Olamendi, Feminicidio en México (Mexico City: Instituto Nacional de la Mujeres, 2016). Nem todos os assassinatos são investigados pela polícia: para mais informações, ver observatoriofeminicidiomexico.org. Alguns estudiosos criticam a pintura de Juárez como particularmente vio-

lenta contra as mulheres: um estudo de Pedro H. Albuquerque e Prasad Vemala, em 2008, conclui que as taxas de feminicídio na cidade não são maiores do que as taxas em cidades como Nuevo Laredo. Ver "Femicide Rates in Mexican Cities along the US-Mexico Border: Do the Maquiladora Industries Play a Role?", SSRN Electronic Journal (9 de novembro de 2015).

7. Ver Teresa Rodriguez e Diana Montané, The Daughters of Juárez: A True Story of Serial Murder South of Border, com Lisa Pulitzer (Nova York: Atrai Books, 2007). Sobre os motoristas de ônibus de Toltecas, Alejandro Lugo, Fragmented Lives, Assembled Parts: Culture, Capitalism, and Conquest at the U.S.-Mexico Border (Austin: University of Texas, 2008), 233–248 (inclui trechos de jornais locais).
8. Rodriguez e Montaném, The Daughters of Juárez, 190–195.
9. Yuri Herrera, "Diana, Hunter of Bus Drivers", This American Life, WBEZ Chicago, 2013, www.thisamericanlife.org/Diana-hunter-of-bus-drivers/.
10. O arquiteto foi Antonio Rivas Mercado.
11. Uma história semelhante é contada sobre uma outra estátua de Diana nua, a Diana da Torre, de Augustus Saint-Gaudens. Ficou no alto da Madison Square Garden Tower, em Nova York, de 1894 a 1925, e causou escândalo porque a Diana estava nua. Hoje está no Philadelphia Museum of Art. Ver Budin, Artemis, 163.
12. Alfonso Fernández de Córdova, "Cincuenta Años de Silencio; Diana Cazadora Vive!", Reportajes Metropolitanos, 18 de maio de 2008, http://reportajesmetropolitanoes .com.mx/personajesyentrevist_mayo_08.htm.
13. Mario Larrez, "Del Caballito a Las Lomas", Jueves de Excélsior, no. 1222, 6 de dezembro de 1945, 13–14, citado em Claire A. Fox, "Lo clásico de México moderno: Exhibiting the Female Body in Post-revolutionary Mexico", Studies in Latin American Popular Culture 20 (2001): 1–31.
14. O parque foi criado em 1952. As fontes foram construídas sob o governo de Portfirio Diaz, cujo objetivo era elevar a Cidade do México ao nível de outras capitais: estátuas com figuras da mitologia clássica eram parte da gramática cultural. Durante o período colonial, o parque era destinado somente à recreação da elite social, mas isso começou a mudar depois da independência do México, em 1821. No final do século XIX era frequentado por todas as classes sociais. O parque foi renovado em 2012, e os camelôs foram proibidos de trabalhar na área. Ver José Rojas Garcidueñas, "Mexico City's Fountains", Artes de México, no. 136 (1970): 22–78; e Carlos Villasana e Ruth Gómez, "Las Fuentes del Paseo Capitalino Más

NOTAS

Antiguo", o jornal El Universal (Mexico City), 4 de março de 2017, www. eluniversal.com.mx/entrada-de-opinion/colaboracion/mochilazo-en-el-tiempo/nacion/sociedad/2017/03/4/las-fuentes-del. Para mais informações gerais, ver Andrew Laird e Nicola Miller, eds., Antiquities and Classical Traditions in Latin America (Hoboken, NJ: Wiley-Blackwell, 2018).

15. Vert Campbell Bonner, "The Danaid Myth", Transactions and Proceedings of the American Philological Association 31 (1900): 27–36.
16. Kelly Oliver, Hunting Girls: Sexual Violence from The Hunger Games to Campus Rape (Nova York: Columbia University Press, 2016), 121.
17. Sobre mulheres com raiva, ver Soraya Chemaly, Rage Becomes Her: The Power of Women's Rage (Nova York: Simon and Schuster, 2018); e Brittney Cooper, Eloquent Rage: A Black Feminist Discovers Her Superpower (Nova York: St. Martin's Press, 2018).
18. Andrea Dworkin, Mercy: A Novel (Londres: Secker and Warburg, 1990), 166.
19. Como Jessa Crispin argumenta: Crispin, Why I Am Not a Feminist (Nova York: Melville House, 2017), 39–44.
20. Ver o grupo da campanha We Stand with Nikki for more details, https://westandwithnikki.com/criminilization-of-survival.

CAPÍTULO 7 - BΣYΘNCΣ, DEUSA

1. Essa versão do mito é encontrada em Hesíodo, Theogony 166–206.
2. Afrodite, um poema cuja data é incerta, mas foi escrito provavelmente alguns séculos depois de Hesíodo.
3. Ver mais em Mary Beard, How Do We Look: The Body, the Divine, and the Question of Civilization (Nova York: Liveright, 2018); ver especialmente "The Stain on the Thigh", 85–90.
4. Ver Christine Mitchell Havelock, The Aphrodite of Cnidos and Her Successors: A Historical Review of the Female Nude in Art (Ann Arbor: University of Michigan Press, 1995).
5. Meg Samuelson, Remembering the Nation, Dismembering Women? Stories of the South African Transition (Durban, South Africa: University of KwaZulu Natal Press, 2007), 86.
6. Sherronda J. Brown, "The NYT Review of 'Venus' Is a Reminder That Black Women and Our Suffering Are Often Invisible to Others", Race Baitr, 22 de maio de 2017, racebaitr.com. A resenha de Brown é de uma produção da peça Vênus, de Suzan-Lori Parks (Nova York: Dramatists

Play Services, 1998). Vênus explora as relações entre Saartje Baartman, o público que vem vê-la, e o médico com quem fez uma turnê pelo continente e com quem ela tem um relacionamento sexual. Sobre a Vênus de Parks, montagem e linguagem, ver Patrice D. Rankine, Aristotle and Black Drama: A Theater of Civil Disobedience (Waco, TX: Baylor University Press, 2013), 194–201.

7. A gravura foi baseada num quadro de Thomas Stothard, que hoje está perdido.
8. Isaac Teale, "The Voyage of the Sable Venus from Angola to the West Indies", em ed. Marcus Wood, The Poetry of Slavery: An Anglo-American Anthology, 1764–1865 (Oxford, UK: Oxford University Press, 2003), 30. O poema foi impresso pela primeira vez em Bryan Edwards, The History, Civil and Commercial, of the British Colonies in the West Indies (1783), mas foi publicado anonimamente antes disso (na Jamaica, em 1765, e de novo em 1792). Teale era provavelmente um clérigo anglicano que foi empregado pelo tio de Bryan Edwards como tutor do sobrinho. Edwards chegou a ser membro do Parlamento, e pró-escravidão. O poema faz referência a Safo e a Ovídio, e em 1793 Edwards acrescentou uma epígrafe do poema de Virgílio, Eclogues. Ver Regulus Allen, "'The Sable Venus' and Desire for the Undesirable", Studies in English Literature, 1500–1900 51, no. 3 (Verão de 2011), 667–691.
9. A última estrofe foi omitida da edição de 1792.
10. Se a resposta "é ficção" não for suficiente, um artigo de Tim Whitmarsh traz excelentes observações: "Black Achilles", Aeon, 9 de maio de 2018, https://aeon.co/essays/when-homer-envisioned-achilles-did-he-see-a-black-man.
11. Com direção de arte de Awol Erizku. Sobre a apropriação de Antiguidade Clássica de Jay-Z, ver Dan-el Padilla Peralta, "From Damocles to Socrates", Eidolon, 8 de junho de 2015, https://eidolon.pub/from-damocles-to-socrates-fbda6e685c26.
12. As fotos da gravidez de Beyoncé foram primeiro publicadas em sua página no Instagram. Foram reproduzidas em vários lugares, inclusive 1966 Magazine, 7 de fevereiro de 2017, https://1966mag.com/beyonce-pregnancy-instagram-photo-hits-10-million-likes/. Junto com as fotos foi postado um poema do somaliano radicado em Londres Warsan Shire, intitulado "I have three hearts." [Tenho três corações]. Os três corações se referem a Beyoncé e sua gravidez (estava grávida de gêmeos), mas também à transformação que ocorre enquanto a vida cresce dentro da

NOTAS

mãe. A mulher no poema se transforma em Vênus quando se torna mãe, e a "Vênus negra" é celebrada com Oxum, Nefertiti e Iemanjá; o poema nos ajuda a interpretar as fotos.

13. "An Open Letter to Mary Daly" de Audre Lorde está publicada em Audre Lorde, Sister Outsider: Essays & Speeches (Nova York: Ten Speed Press, 1984, 2007), 66–71.

14. Ver "Identity Europa", Southern Poverty Law Center, www.splcenter.org/fighting-hate/extremist-files/group/identity-europa. Sobre raça, Antiguidade Clássica e a academia, ver mais em Rebecca Futo Kennedy, "We Condone It by Our Silence: Confronting Classics' Complicity in White Supremacy", Eidolon, 11 de maio de 2017, https://eidolon.pub/we-condone-it-by-our-silence-bea76fb59b21; Dan-el Padilla Peralta, "Classics beyond the Pale", Eidolon, 20 de fevereiro de 2017, https://eidolon.pub/classics-beyond-the-pale-534bdbb3601b; e Mathura Umachandran, "Fragile, Handle with Care: On White Classicists", Eidolon, 5 de junho de 2017, https://eidolon.pub/fragile-handle-with-care-66848145cf29.

15. Donna Zuckerberg, Not All Dead White Men: Classics and Misogyny in the Digital Age (Cambridge, MA: Harvard University Press, 2018).

16. Nas tradições europeias, os ingleses e alemães se viam como os verdadeiros herdeiros da civilização grega antiga. Sobre a exclusão dos gregos modernos de seu legado, ver Johanna Hanink, The Classical Debt: Greek Antiquity in an Era of Austerity (Cambridge, MA: Belknap Press, 2017). Sobre os problemas de pensar sobre a civilização, ver mais em Mary Beard, How Do We Look: The Body, the Divine, and the Question of Civilization (Nova York: Liveright, 2018); Kwame Anthony Appiah, "There Is No Such Thing as Western Civilization", Guardian (Manchester, UK), 9 de novembro de 2016; e Silvia Federici, ed., Enduring Western Civilization: The Construction of the Concept of Western Civilization and Its "Others" (Westport, CT: Praeger, 1995).

17. Sobre autoctonia, ver Vincent J. Rosivach, "Autochthony and the Athenians", Classical Quarterly 37, no. 2 (1987): 294–306; e James Roy, "Autochthony in Ancient Greece", em ed. Jeremy McInerney, A Companion to Ethnicities in the Ancient World (Chichester, West Sussex, UK: Wiley-Blackwell, 2014), 241–255.

18. Kara Walker, "Notes from a Negress Imprisoned in Austria", em ed. Johannes Schlebrügge, Kara Walker: Safety Curtain (Viena, Áustria: P & S Wien, 2000), 23–25.

19. "Catalog of paintings in the Louvre Museum", Wikipedia, lista os quadros conforme estão catalogados na base de dados da Gioconda, no Louvre. Ver também Karen Grigsby Bates, "Not Enough Color in American Art Museums", NPR, 13 de abril de 2018, www.npr.org/sections/codeswitch/2018 /04/13/601982389/not-enough-color-in-american-art-museums; e a arte ativista das Guerrilla Girls, www.guerrillagirls.com/.
20. The Carters e Pharrell Williams (coautores e coprodutores), "APESHIT", dirigido por Ricky Saiz, filmado em maio de 2018, videoclipe no YouTube, 6 minutos, postado em 16 de junho de 2018, www.youtube.com/watch?v=kbMqWXnpXcA.
21. Josefina era crioula, nascida na Martinica, Beyoncé cantou sobre sua própria identidade crioula nas músicas "Creole" e "Formation".
22. Jay-Z explora essa ideia também em sua canção "Picasso Baby" (2013).
23. "Brand New Ancients" [Antigos novos em folha] é o título de um poema escrito por Kate Tempest para performance ou para leitura em voz alta, em Tempest, Brand New Ancients (Londres: Picador, 2013).
24. Como alguém via a Esfinge dependia de sua perspectiva cultural. Na tradição mitológica egípcia, a Esfinge era benevolente. Diz-se que o nome é derivado da palavra egípcia *shesep-ankh*, que significa "imagem viva do rei". No comentário do Louvre, ela era "guardiã e protetora... defensora do Egito contra forças hostis". Na tradição mítica grega, em contraste, a Esfinge tinha cabeça de mulher e era perigosa para os homens. Diz-se que veio da palavra grega *sphingein*, "estrangular"; ela estrangulava os homens que não conseguiam decifrar seus enigmas.
25. A estátua foi anteriormente identificada como Cincinnatus, um estadista romano que se tornou lendário por sua virtude e liderança. Ver Francis Haskell e Nicholas Penny, Taste and the Antique: The Lure of Antique Sculpture 1500–1900 (New Haven, CT: Yale University Press, 1981), 182–184.
26. Quanto mais a pessoa conhece a arte visual americana africana, mais ressonante é o vídeo. Por exemplo, a cena do penteado com cabelo afro faz eco com as fotos de Carrie Mae Weems's Kitchen Table Series (1990), e a dança na frente do quadro do Davi recorda a *story quilt Dancing in the Louvre*; sobre isso, ver Dan Cameron, ed., Dancing in the Louvre: Faith Ringgold's French Collection and Other Story Quilts (Berkeley: University of California Press, 1998). Ver também Constance Grady, "The Meaning behind the Classical Paintings in Beyoncé and Jay-Z's 'Apeshit'". Vox, 19 de junho de 2018; Ariel Lebeau, "An Art History Expert Breaks Down Beyoncé and Jay-Z's 'APESHIT' Video", Fader, 18 de junho de

NOTAS

2018; Sarah Cascone, "'I May Need to Lie Down': The Art World Goes Nuts over Beyoncé and Jay-Z's Louvre Takeover on Social Media", Artnet News, 19 de junho de 2018; e Alejandra Salazar, "Beyoncé & Jay-Z's New Video Is a Major Lesson in Art History", Refinery29, 17 de junho de 2018. Mais geralmente, sobre Beyoncé e feminismo, ver Omise'eke Natasha Tinsley, Beyoncé in Formation: Remixing Black Feminism (Austin: University of Texas Press, 2018).

27. Rebecca Solnit, Call Them by Their True Names: American Crises (and Essays) (Chicago: Haymarket Books, 2018).
28. Ver a iniciativa Eos, que facilita o estudo colaborativo de recepção africana de Grécia e Roma, www.eosafricana.org/.
29. Ver "Creative Time Presents Kara Walker", http://creativetime.org/projects/karawalker/; Matthew Israel, The Big Picture: Contemporary Art in 10 Works by 10 Artists (Munich: Prestal Verlag, 2017), 156–173; Rebecca Peabody, Consuming Stories: Kara Walker and the Imagining of American Race (Oakland: University of Calfornia Press, 2016); e Schlebrügge, ed., Kara Walker.
30. Para Monae Smith, ver UWB Zine Queenz, Badass Womxn in the Pacific Northwest (Creative Commons, n.d.), https://uw.pressbooks.pub / badasswomxninthepnw/; Dorothea Smartt, Connecting Medium (Leeds, UK: Peepal Tree, 2001); Kanika Batra, "British Black and Asian LGBTQ Writing", em ed. Deirdre Osborne, The Cambridge Companion to British Black and Asian Literature, 1945–2010. (Cambridge, UK: Cambridge University Press, 2016); e Laura Griggs, "Medusa? Medusa Black! Revisionist Mythology in the Poetry of Dorothea Smartt", em ed. Kadija Sesay, Write Black, Write British: From Post-Colonial to Black British Literature (Hertford, UK: Hansib, 2015), 180–181.
31. Robin Coste Hughes, Voyage of the Sable Venus and Other Poems (Nova York: Alfred A. Knopf, 2017). Ver também Dan Chiasson, "Rebirth of Venus: Robin Coste Lewis's Historical Art", New Yorker, 19 de outubro de 2015.

CAPÍTULO 8 - TRANSMITOLOGIA

1. A história é narrada pelo escoliasta (comentarista antigo) em Lucian, Gallus 19: ver Hugo Rabe, ed., Scholia in Lucianum (Leipzig, Germany: Teubner, 1902), 92. A peça grega sobre a palavra *poiein* (que significa fazer) e Caenis enganando Poseidon (Netuno) para fazer o que ela que-

ria, fazendo-a homem, lembra Odisseu enganando o Ciclope (filho de Poseidon), dizendo-lhe que "Noman" (Nenhum homem) o cegou.

2. Sou grata a Hannah Clarke por compartilhar algumas respostas de sua pesquisa antes da publicação. Ela me contou como concebeu o projeto: "Eu sou muito, muito queer, tanto no sentido sáfico como no sentido de que meu gênero é complicado. Tenho o nome Safo tatuado na dobra do braço. Meu (não convencional, infuso-com-liberdades-artísticas) amor pelos clássicos na escola informou meu entendimento de mim... Eu sabia que a linguagem dos clássicos era algo como um código para gente queer ('ele fala latim?') e que gente como eu (um pouco estranha, super entusiástica, gótica e extraordinariamente gay) na ficção tinha uma tendência a gravitar na direção da Antiguidade... Entretanto, descobri que a literatura sobre a recepção queer dos clássicos tinha uma escassez abismal. Pensei em fazer a minha pessoal". Ver mais em Hannah Clarke, "Queer Classics", Eidolon, 23 de julho de 2019. Para outra declaração sobre a importância de Hermafrodito e outras figuras não binárias da Antiguidade Clássica, ver Grace Gillies, "The Body in Question: Looking at Non-Binary Gender in the Greek and Roman World", Eidolon, 9 de novembro de 2017.

3. Ver Daniel Orrells, Sex: Antiquity and Its Legacy (Londres: I. B. Tauris, 2019). A Grécia antiga pode ser usada para debilitar direitos dos gays, como na audiência da Corte Suprema dos Estados Unidos em 2015 sobre constitucionalidade da proibição de casamento de pessoas do mesmo sexo, quando o juiz Alito invocou a Grécia antiga como uma sociedade que não permitia casamento gay, mas não se podia dizer que era homofóbica; ver mais em Zachery Herz, "Law v. History: The Story of the Supreme Court's Misguided, Forty-Year Fixation on Ancient Gay History", Eidolon, 25 de junho de 2015.

4. Sobre o julgamento de Oscar Wilde, ver Alastair J. L. Blanshard, Sex: Vice and Love from Antiquity to Modernity (Chichester, West Sussex, UK: Wiley-Blackwell, 2010); ver especialmente "Part II: Greek Love", 91–163.

5. Ver James Davidson, The Greeks and Greek Love (New Haven, CT: Phoenix Press, 2008).

6. Sobre a relação entre Aquiles e Pátroclo na Ilíada de Homero, ver Shane Butler, "Homer's Deep", em ed. Shane Butler, Deep Classics: Rethinking Classical Reception (Londres: Bloomsbury, 2016), 21–48. Sobre Aquiles e Pátroclo na tradição literária mais tardia, ver Marco Fantuzzi, Achilles in Love (Oxford, UK: Oxford University Press, 2012) com restrições de

NOTAS

Butler. O livro de Madeline Miller The Song of Achilles (Nova York: HarperCollins, 2012) é uma romantização moderna e emocionante da relação dos dois.

7. Ver Daniel Orrells, Sex: Antiquity and Its Legacy (Londres: I. B. Tauris, 2019), especialmente 100–195; e Richard Hunter, Plato's Symposium (Oxford, UK: Oxford University Press, 2004).
8. Ver Margaret Reynolds, ed., The Sappho Companion (Basingstoke, UK: Palgrave, 2001); Jane McIntosh Snyder, Lesbian Desire in the Lyrics of Sappho (Nova York: Columbia University Press, 1997); Ellen Greene, Re-reading Sappho: Reception and Transmission (Berkeley: University of California Press, 1999); e Daniel Orrells, Sex: Antiquity and Its Legacy (Londres: I. B. Tauris, 2019), 126–151.
9. O artigo de Vanda Zajko's é uma exceção: "'Listening with' Ovid: Intersexuality, Queer Theory, and the Myth of Hermaphroditus and Salmacis", Helios 36, no. 2 (outono de 2009): 175–202.
10. Ver Luc Brisson, Sexual Ambivalence: Androgyny and Hermaphroditism in Graeco-Roman Antiquity, trad. Janet Lloyd (Berkeley: University of California Press, 2002), 7–40.
11. Para Aquiles e Deidamia, ver Statius, Achilleid, e para Callisto e Jupiter, ver Ovídio, Metamorphoses 2.409–530, e Fasti 2.153–192.
12. Ovídio, Metamorphoses 12.169–209.
13. ita fama ferebat (linha 197) et eadem hoc quoque fama ferebat (linha 200).
14. Akousilaus era um mitógrafo do fim do século VI e começo do século V a.C.: : FGrH 2 fr.22 [=P. Oxy. 13, 1611, fr. 1, col. 2, 38–96]. Καινῆι δὲ τῆι Ἐλάτου μίσγεται Ποσειδῶν. ἔπειτα—οὐ γὰρ ἦν αὐτῶι ἱερὸν παῖδας τεκέν οὔτ' ἐξ ἐκείνου οὔτ' ἐξ ἄλλου οὐδενός—ποιεῖ αὐτὸν Ποσειδέων ἄνδρα ἄτρωτον, ἰσχὺν ἔχοντα μεγίστην τῶν ἀνθρώπων τῶν τότε, καὶ ὅτε τις αὐτὸν κεντοίη σιδήρωι ἢ χαλκῶι, ἡλίσκετο μάλιστα χρημάτων.
15. A organização Human Rights Campaign rastreia ataques a homens e mulheres trans, www.hrc.org/
16. Ovídio, Metamorphoses 12.470–476.
17. Sara Ahmed, "An Affinity of Hammers", Transgender Studies Quarterly 3, no. 1–2 (2016): 22–34.
18. Eddie Izzard, Believe Me: A Memoir of Love, Death, and Jazz Chickens (Nova York: Blue Rider Press, 2017).
19. Ver Anthony Corbeill, Sexing the World: Grammatical Gender and Biological Sex in Ancient Rome (Princeton, NJ: Princeton University Press,

2015), 112–135, referência a Michiel de Vaan, Etymological Dictionary of Latin and the Other Italic Languages (Leiden, Netherlands: Brill, 2008).
20. Macrobius escreveu no fim do século IV a.c.: "Em Chipre existe até uma estátua que representa Vênus com barba, mas com vestes femininas, equipada com um cetro e órgãos sexuais masculinos, e ela é considerada homem e mulher ao mesmo tempo. Aristófanes a chama de Afroditus. [Outro escritor se refere a ela como] Vênus nutriz, [é tanto] homem como mulher... quando oferecem sacrifícios a ela, os homens usam roupas femininas, porque é considerada ao mesmo tempo homem e mulher" (Saturnalia 3.8.2–3). Discussed in Brisson, Sexual Ambivalence, 54.
21. Em latim, apesar de os deuses originais não terem gênero, todos os deuses eram mencionados por pronomes masculinos ou femininos. O sexo gramatical não seguia à risca o sexo biológico.
22. Servius, Aeneas 7.498, discutido também por Anthony Corbeill, Sexing the World: Grammatical Gender and Biological Sex in Ancient Rome (Princeton, NJ: Princeton University Press, 2015), 119.
23. Sobre o mito de Terésias, ver Nicole Loraux, The Experiences of Tiresias: The Feminine and the Greek Man (Princeton, NJ: Princeton University Press, 1995); ver espacialmente páginas 211–226.
24. Sobre Tirésias e a "diferença de orgasmo", ver Tara Mulder, "What Women (Don't) Want: Tiresias on Female Pleasure", Eidolon, 19 de março de 2018.
25. Jeffrey Eugenides, Middlesex: A Novel (Nova York: Picador, 2002); e Sarah Graham, "'See Synonyms at Monster': En-freaking Transgender in Jeffrey Eugenides's Middlesex", Ariel 40, no. 4 (2009): 1–18.
26. Eugenides, Middlesex, 430.
27. Ovídio, Metamorphoses 4.378–379.
28. Ibid., 9.794. A história começa no 9.666.
29. Ovídio, Metamorphoses 9.731. Sobre a metáfora, ver mais em Simon Goldhill, Foucault's Virginity: Ancient Erotic Fiction and the History of Sexuality (Cambridge, UK: Cambridge University Press, 1995), 46–111. Para uma leitura mais pessimista da história de Ifis e Iante da perspectiva de um homem trans, ver Sasha Barish, "Iphis' Hair, Io's Reflection, and the Gender Dysphoria of the Metamorphoses", Eidolon, 16 de julho de 2018. Para Barish, outros episódios de transformação é que são mais significativos, por exemplo, as metamorfoses de LIcaontee de Io: "As descrições feitas por Ovídio, de metamorfoses em animais, remetem ao bizarro estado psicológico que sofri durante anos e aos relatos de muitas pessoas de disforia [de gênero]. Nas obras de literatura antiga, são essas

NOTAS

transformações que parecem mais verdadeiras aos meus mais íntimos sentimentos".
30. Gorilas são bissexuais. A louva-a-deus fêmea arranca a cabeça do macho depois de acasalar. Para mais exemplos, ver o extrato de um artigo contundente de Adam Rutherford, criticando a pseudociência que tenta usar o comportamento de animais para ditar o que é natural para humanos: "The Human League: What Separates Us from Other Animals", Guardian (Manchester, UK), 21 de setembro de 2018, www.theguardian.com/books/2018/sep/21/human-instinct-why-we-are-unique: "Podemos nos comparar a baleias assassinas. Elas vivem num grupo matriarcal, em alguns casos liderados por fêmeas em pós-menopausa. Ou hienas, o animal de maior força nas mandíbulas entre todos, também matriarcais, e praticam lambidas nos clitóris para manter a união social e estabelecer a hierarquia. Ou a ordem de insetos hymenoptera, que inclui formigas, abelhas e vespas, e têm uma distância evolucionária de nós mais ou menos como a das lagostas. Sua hierarquia social é composta por uma única rainha e vários machos, cujo papel é duplo: proteger a colônia e prover esperma quando solicitados – são literalmente escravos sexuais. Ou os pequenos invertebrados de água-doce, chamados rotíferos: há milhões de anos, abandonaram os machos e parecem estar se dando muito bem". Os argumentos de Ifis estão equivocados. Para atração animal entre fêmeas, e entre machos, ver Bruce Bagemihl, Biological Exuberance: Animal Homosexuality and Natural Diversity (Nova York: St. Martin's Press, 1998).
31. Ali Smith, Girl Meets Boy (Edinburgh, UK: Canongate, 2007). O romance é parte da série Canongate Myth, em que os autores são convidados a reimaginar mitos para os dias de hoje. Devo minha análise à de Kaye Mitchell, em seu capítulo "Queer Metamorphoses: Girl Meets Boy and the Futures of Queer Fiction", em ed. Monica Germanà e Emily Horton, Ali Smith (Londres: Bloomsbury Academic, 2013), 61–74.
32. Smith, Girl Meets Boy, 97.
33. Ver especialmente Smith, Girl Meets Boy, 89–90, quando Anthea pergunta: "Os mitos surgem prontos, formados pela imaginação e as necessidades da sociedade, [...] como se emergissem do subconsciente da sociedade? Ou os mitos são criações conscientes das várias forças de ganhar dinheiro? Por exemplo: os anúncios são um novo tipo de criação de mitos? As empresas vendem água etc., nos contando o mito certo ou o mais persuasivo? É por isso que as pessoas que não precisam comprar o que já é praticamen-

te gratuito ainda compram garrafas de água? Daqui a pouco vão inventar um mito para vender ar para nós? E as pessoas, por exemplo, querem emagrecer porque há um mito prevalente de que ser magra é mais bonita?"
34. Smith, Girl Meets Boy, 56.
35. Ibid., 77.
36. Ibid., 83–84.
37. Ibid., 133–137
38. Ibid., 160.

CODA: PRESENÇA DE ANTÍGONA

1. Ver Simon Goldhill, capítulo 9, "Antigone and the Politics of Sisterhood: The Tragic Language of Sharing", em Sophocles and the Language of Tragedy (Nova York: Oxford University Press, 2012), 231–248.
2. Sófocles, Antigone 93.
3. Jessa Crispin, Why I Am Not a Feminist: A Feminist Manifesto (Nova York: Melville House, 2017), 102.
4. Ben Okri, A Way of Being Free (Londres: Head of Zeus, 2015), 44.
5. Inua Ellams, The Half-God of Rainfall (Londres: 4th Estate, 2019); Madeline Miller, Circe (Nova York: Little Brown, 2018); Pat Barker, The Silence of the Girls (Nova York: Doubleday, 2018); Ursula LeGuin, Lavinia (San Diego, CA: Harcourt, 2008); e Natalie Haynes, A Thousand Ships (Londres: Pan MacMillan, 2019). Para antigos dramaturgos trágicos, mitógrafos, e outros escritores de mitos, ver Stephen M. Trzaskoma, R. Scott Smith, e Stephen Brunet, eds. e trads., Anthology of Classical Myths: Primary Sources in Translation (Indianapolis, IN: Hackett, 2016).
6. Os fragmentos da Antígona de Eurípedes que sobreviveram estão em Christopher Collard e Martin Cropp, eds. e trads., Euripides Fragments: Aegeus to Meleager (Cambridge, MA: Harvard University Press, 2008).
7. Sara Uribe, *Antígona González*, trad. John Pluecker (Los Angeles: Les Figues Press, 2016). Publicado inicialmente como *Antígona González* por Sur+ Editions, 2012. A edição de 2016 é formatada com o texto de Uribe na página à esquerda e a tradução de Pluecker à direita. A atriz e diretora Sandra Muñoz autorizou Uribe a escrever o livro em 2011; A A-tar Company encenou em 29 de abril de 2012 em Tampico, Tamaulipas, México.
8. Uribe, e González, 175: "Da publicação antigonagomez.blogspot.mx pela ativista colombiana Antígona Gómez ou Diana Gómez, filha de Jaime Gómez, desaparecido e depois encontrado morto em abril de 2006, a frase autobiográfica: 'Eu não queria ser uma Antígona, mas me aconteceu'."

NOTAS

9. Ver, por exemplo, Antígona Vélez, de Leopoldo Marechal (1951), La tumba de Antígona, de María Zambrano's (1967), e Antígona Furiosa, de Griselda Gambaro's (1989). Para outras peças, discussões e bibliografia, ver Uribe, Antígona González, 172–187. Mais geralmente, ver Kathryn Bosher, Fiona Macintosh, Justine McConnell, e Patrice Rankine, eds., The Oxford Handbook of Greek Drama in the Americas (Oxford, UK: Oxford University Press, 2015); e Rosa Andújar e Konstantinos P. Nikoloutsos, eds., Greeks and Romans on the Latin American Stage (Londres: Bloomsbury Academic, 2020).
10. A tradução usada é de H.D.F. Kitto; ver Uribe, Antigona González, 173.

Impressão e Acabamento:
GRÁFICA E EDITORA CRUZADO